だいわ文庫

これ1冊で!

恥をかかない・一目置かれる「いまどきテーブルマナー」辞典

ベスト・ライフ・ネットワーク

JN201094

大和書房

はじめに

　仕事でもプライベートでも、改まった席で食事をする機会は多いもの。特にビジネスシーンでは、取引先の接待や職場の上司・部下との会食、歓送迎会などの社内行事、受賞や功績を祝うパーティ、人脈作りのための交流会といった「食」にまつわる場面を避けては通れません。

　そんなときに必要とされるのが、正しいマナーです。座席の上座・下座、カトラリーの使い方、各種料理のきれいな食べ方、ワインや日本酒の選び方、支払いの仕方……テーブルマナーを知らないと、自分が恥をかくだけでなく、周囲の人たちに不快な思いをさせてしまうことにもなりかねません。

「マナー」と聞くと、面倒で堅苦しいイメージをもつ人も多いでしょう。でも、この本を読めば大丈夫。シーン別、料理別に重要なポイントだけをとり上げ、イラストを交えてわかりやすく解説しています。

　大事な食事の前の日に、本書を一読してみてください。当日はスマートで洗練された大人の振る舞いを見せつけることができるはずです。

これ1冊で！ 恥をかかない・一目置かれる「いまどきテーブルマナー」辞典　もくじ

PART-1

お店探し・予約のコツ

PART-2

着席・注文のマナー

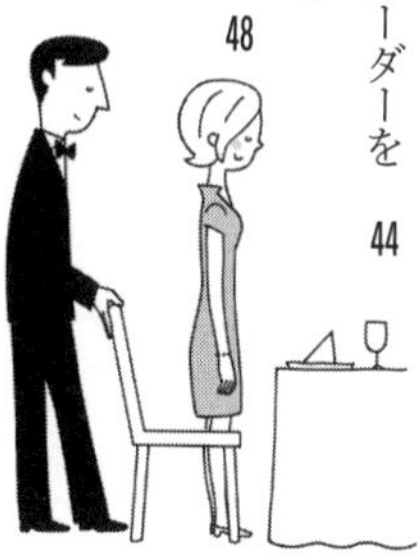

PART-3

会食のマナー1　食べ方の基本

PART-4

会食のマナー2 料理別の食べ方

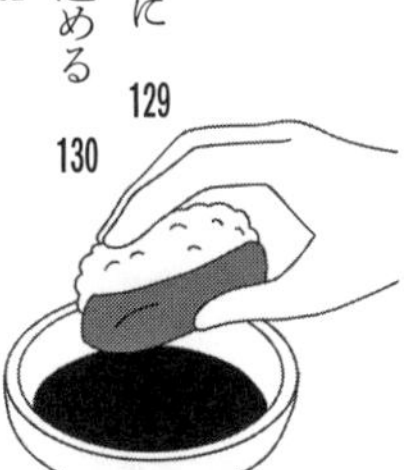

PART-5

会食のマナー3　お酒の飲み方・選び方

PART-6

食後・支払いのマナー

PART-7

シーン別・大人のマナー

PART

I

お店探し・予約のコツ

- □ 目的に合ったお店の選び方
- □ お店選びで後悔しない6つのポイント
- □ 予約のタイミング、確認のマナー
- □ TPOに合わせた服装のマナー
- □ 外国のかたとの食事のマナー
- □ やむなくキャンセルするときのマナー

目的に合ったお店の選び方

「自分のお店リスト」から選ぶのがベスト

★★★
相手の食事の好みを聞いても、行きたいお店は聞かない

接待などでお店を探す場合、日頃の付き合いの中から相手の食事の好みを把握しておくのが理想ですが、わからないことも少なくありません。

そんなときには、あれこれ悩むより、**「何かお好みはありますか？」と聞いてしまったほうがいい**でしょう。相手が複数人いるなら、最も地位の高い人の好みを優先します。

ただし、**食事の好みを聞いても行きたいお店を聞いてはいけません**。こちらの予算ではまかないきれないような高級店を指定され、大慌てすることになりかねないからです。

★★★
目的に合ったお店を選ぶ

お店選びでは、目的に合っているかどうかも重要です。接待の場合、カジュアルすぎる店は避け、食事や会話が落ち着いてできる店を選ぶべきです。

相手方にポジションの高い人がいるときは、お店の格式もそれなりに高くする必要があります。また、**機密性の高い話をするときは、完全個室のあるお店にするほうがベター**です。

一方、歓送迎会などの場合、カジュアルなお店でも問題ないでしょう。大人数でお店を貸し切りにする必要があるなら、他の予約が入っていないうちに早めに動くことが肝心です。

★★★
実際に行ったことのあるお店から選ぶ

お店選びに強い人は、自分の経験に基づいたお店のリストをもっています。つまり、さまざまなお店を実際に利用したことがあって、そのメリット・デメリットを知っているのです。

お店の雰囲気、料理の味、料金。それらを把握していれば、安心して食事

気に入ったお店、使えそうなお店があれば、手帳やスマホにすかさずメモを。

を楽しんだり、相手をもてなしたりすることができます。

最初は少なくても大丈夫。**徐々にお店のリストを増やしていく**ようにしましょう。

初めてのお店なら下見に行く

大切な会食で一度も行ったことのない店を利用する場合は、**事前に下見をしておいたほうがいい**でしょう（18ページ参照）。たとえば、料理はおいしかったけれど、お店の雰囲気がよくなかった、店員の態度が悪かった、といったケースも考えられるからです。

友人との食事なら、多少のアクシデントも問題ないかもしれませんが、接待となるとそうもいきません。きちんと下見をするか、下見ができなければ利用しないようにするのが鉄則です。

インターネットの情報はここに注意！

最近ではインターネットのウェブ検索でなんでも簡単に調べられるようになりました。

そのお店の最寄り駅や営業時間、個室の有無、ネット環境、喫煙・禁煙といった細かい情報を得られるので、お店選びに役立ちます。口コミサイトもたくさんあり、利用者の生の声を知ることもできます。でも、そうした情報を鵜呑《うの》みにしてはいけません。

飲食店の口コミ情報は個人の主観の集まりでしかありませんし、ときどき悪意のある情報も含まれています。また、情報の更新が遅れていて、実際に訪れたら定休日だったということも。

インターネットの情報はあくまで参考程度にとどめておくくらいのほうがいいでしょう。

★★★

ふだん行かない地域のお店は現地でリサーチ

地方に出張して接待しなければならない、といったケースもまれにあります。そんなときは、現地でリサーチする手もあります。

たとえば、タクシーに乗ったら運転手さんに評判のいいお店を聞いてみましょう。**タクシーの運転手さんは地元のことをよく知っていますから、有益な情報をくれる可能性が高い**のです。**カウンターのあるお寿司屋さんなどで板前さんに聞くのもおすすめ**です。

雑誌やインターネットで紹介されている有名店は、観光客向けのお店で、地元の人はほとんど行かなかったりするもの。地元のことは地元の人に聞くのがいちばんです。

お店の事前リサーチではここをチェックしよう

お店選びで後悔しない6つのポイント

予約電話への対応はどうか

お店の事前リサーチではチェックすべき項目が6つあります。

まず**予約電話への対応**です。予約電話を入れたとき、店員がどんな受け答えをするかで、そのお店のサービスの質がうかがえます。

サービスレベルの高いお店は電話の受け答えも丁寧です。「予約をお願いします」と言ったときに「ありがとうございます」の一言がなかったり、こちらの話をきちんと聞かず、横柄《おうへい》な答え方をするようなお店はサービスの質も推して知るべしです。

最近ではインターネット経由で予約することも増えていますが、その場合も必ず一度電話をして、お店の人と直接会話をするようにしましょう。

お店の周囲の環境は？

お店の下見に訪れたら**周囲の様子や**

お店の外観を確認しましょう。

周囲に騒がしい雰囲気のお店が立ち並んでいたり、外観のデザインがあまりに奇抜だったりすると、第一印象が悪くなってしまいます。

また、アクセスが非常に悪かったり、場所がわかりづらいお店も避けたほうがいいでしょう。

★★★

お店のレイアウトは？

外観だけでなく、店内のチェックも大切です。お店の中は実際に入ってみないとわからないので、ランチタイムなどを利用して確認しましょう。

チェックポイントは**座席のレイアウト**。相手とフレンドリーな関係なら、席と席の間が広すぎると盛り上がりません。逆に、そこまで親しくなく、落ち着いた雰囲気で過ごしたいなら、席間は広いほうがベターです。

隣りの席が近かったり衝《つい》立《たて》だけでは落ち着かない。

個室を用意しているお店もありますが、個室といいながら、実は衝立《ついたて》で仕切っただけの半個室で、隣の声が筒抜けといったケースもなくはありません。事前にチェックしたほうがいいでしょう。

トイレの清潔さも大事なポイント

店内でのもう1つのチェックポイントは**トイレ**です。

トイレの清潔さは、そのお店のイメージに直結します。掃除が行き届いているのは当然のこととして、補充用備品の状態、手洗いスペースの明るさや使いやすさなども確認しましょう。

また、いくら清潔でも、参加メンバーに女性がいる場合は、男女共用のトイレの店は避けましょう。女性は化粧直しなど、さまざまな用途でトイレを使いますから、トイレの環境は意外に重要です。

店員の接客態度をみる

お店の内外をチェックし終えたら、次に確認すべきは**店員の様子**です。

電話予約の際の対応がよかったとしても、それ以外の店員の態度がいいとは限りません。

店員の受け答えや表情などを確認するのはもちろん、案内のスムーズさや料理の説明が丁寧かどうかなどをチェックしましょう。

また、メニュー以外のリクエストが可能か、お酒を持ち込んでもいいかといった少々対応力が問われる質問をして、どんな答えが返ってくるかを観察するのもいいかもしれません。

良質なお店なら、こちらが不快に感じる応対はしないものです。

★★★ 料理の味も忘れずにチェック

そして最後に、**料理とお酒**をチェックします。

料理の味が首を傾げるレベルだったり、クセの強い味付けだと感じるようなら、迷うことなく、そのお店はやめましょう。料理の内容がホームページに掲載されている写真と大きく違うのも考えものです。

日本酒が好きな相手のために、「日本酒がおいしい店」と謳《うた》っているお店を予約したのに、日本酒の種類が少ない、ありきたりの種類しか扱っていないといったことも。そんなお店も避け、自分でももう一度訪れたいと思えるようなお店を選べば、安心して当日を迎えられます。

予約のタイミング、確認のマナー

会食の目的、コース内容、料金を事前に共有する

★★★
いつまでに予約すればいい?

お店を予約する際、意外と悩みがちなのがタイミングです。

5〜6人程度の小規模な会食なら、よほどの人気店でなければ2〜3日前までに予約すれば大丈夫でしょう。

大人数の宴会の場合、2〜3週間前までに済ませておくと安心です。その時点でまだ人数が確定していなければ、**1週間前くらいに再度連絡をして、最終的な人数を伝えましょう。**

電話を入れる時間帯は、午後3時〜5時くらいがベター。ランチタイムやディナーの忙しい時間帯を避けると、お店側も丁寧に対応してくれます。なお、**対応してくれたスタッフの名前を聞いておくと、何かあった場合にス ムーズ**に事が運びます。

また、**インターネットで予約したときには、念のため1週間前くらいに確認の電話をしましょう。**予約できていなかった、間違った内容で登録されて

いた、などのトラブルを防げます。

会食の目的を伝えておく

お店のスタッフには、その会食が仕事の接待なのか、プライベートな食事なのか、何かの記念日なのかなど、**予約の時点で目的を伝えておきましょう**。お店側は、その目的に応じた対応をしてくれるはずです。

これを怠ると、接待する相手にオーダーを聞かれたり、勘定書きを渡されてしまうなど困った事態が生じかねません。

なお、誕生日や記念日などのお祝い事の場合、予約の際にその旨を伝えておくと、お店側がケーキのサービスなど特別なはからいをしてくれることがあります。

料理の値段とカードを使えるか、確認を忘れずに

支払いについても忘れてはいけません。お店のホームページなどで調べてあるとしても、料金は予約の時点で確認するのが基本です。

また、スムーズに会計を済ませるために、クレジットカードが使えるかどうか、使えるカードの種類といった点も確認しておきましょう。

TPOに合わせた服装のマナー

仕事関係の会食ならスーツなどの仕事着で

★★★
会食用の「ドレスコード」はないけれど……

会食にふさわしい服装は、特に決まっていません。いわゆるドレスコードも、フォーマルなパーティでなければ気にしなくていいでしょう。ただし、お店の格や時間帯、相手などによって臨機応変に判断する必要があります。

仕事関係の会食の場合は、仕事をするときの服装が無難です。

仕事以外の場合、たとえばホテルのレストランなどに行くなら、男性はTシャツにジーンズのようなラフな格好は控え、スーツやジャケットなどきちんとした服装を心がけます。

女性もジャケットを着たり、ワンピースやフォーマル感のある素材の服などがおすすめです。

★★★
服だけではなく足元にも注意する

足元については、男性はそれほど気をつかわなくても大丈夫ですが、女性はフォーマルな席でのブーツに注意が必要です。特に**高級店の場合、ブーツはNG**で、パンプスが基本です。きちんと磨いておくことも忘れずに。そして、素足は避けるのがマナーです。ストッキングをはくようにしましょう。

長い髪はまとめ、香水はつけない

髪の長い女性が食事中に何度も髪をかき上げるのはエレガントとは言えません。スッキリまとめておきましょう。

また、料理やワインの香りを損ねてしまわないように、香りの強い化粧品や香水は控えます。

ホテルのレストランでの会食、ちょっとしたパーティなどでの服装

髪は食事の邪魔にならないように。
ワンピース、もしくは上着をはおる。
座敷に上がるなら、ストッキングをはく。
ブーツはNG。パンプスが基本。
Tシャツにジーンズではなく上着の着用が望ましい。
香水をつけるなら、あっさりした軽いものを。
フォーマル感のある靴を。

「外国人は日本料理が大好き」と決めつけない

畳に直接座るのが苦手な外国人もいる

最近では日本を訪れる外国人が増え、彼らと食事をすることも珍しくなくなってきました。日本で外国のかたを接待する場合、和食のお店を選ぶケースも多いでしょうが、その際に注意すべき点がいくつかあります。

まず**座敷のお店の場合、畳に座るのか、掘りごたつ式になっているのか**を確認します。外国のかたは畳に座るのが苦手なことも少なくありません。どうしても座敷にしたいなら、掘りごたつ式の部屋を選ぶと喜ばれます。

ディナーは配偶者同伴が基本

欧米では、仕事の後は家族や友人と過ごすプライベートな時間という考え方があります。ですから、**ディナーは配偶者同伴が基本**になります。

夜に接待する外国人がパートナーとともに来日している場合、同伴での食事を提案してみましょう。

なお、**ランチタイムの接待の場合は、相手だけを招いても問題ありません。**

和食でもてなすときには事前に苦手なものを確認する

寿司や天ぷらなど和食を楽しみにしてくださる外国のかたも多くなっていますが、どのかたも和食が口に合うとは限りません。

特に生魚や納豆、梅干しといったクセのある日本食を敬遠する外国のかたもたくさんいます。

和食でもてなすときには、**前もって好き嫌いを確認**し、苦手なものが多いようなら洋食に変更しましょう。

宗教による食事のタブーがあることも

もう1つ、外国のかたとの食事で重要なのはメニューへの配慮です。**宗教上の理由や、ベジタリアン、ヴィーガンといった個人の食習慣の理由などで食事の制限をしている**ケースが少なからずあります。

たとえばイスラム教徒は豚肉料理やお酒を避けますし、ヒンドゥー教徒は牛肉を食べません。

そうしたタブーがあるかどうかを事前に確認しておきましょう。

やむなくキャンセルするときのマナー

早めに、行けなくなった理由とともに丁寧に伝える

★★★ 予約キャンセルについて確認しておこう

友人との会食のためにお店を予約していたのに、当日に急用が入り、ドタキャンせざるをえなくなった――。そんなケースがたまにあります。

不測の事態ならば致し方ありませんが、キャンセルの手続きをおろそかにせず、必ずお店に電話して、キャンセルの旨を伝えましょう。お店側としては、ドタキャンされると、見込んでいた売り上げが立たなくなります。キャンセルはお店に不利益をもたらす行為であることを肝に銘じましょう。

キャンセル手続きをスマートに行うには、**予約の時点でキャンセル可能な期間、キャンセル料の有無などを確認しておく**必要があります。未確認だとトラブルになることがあるからです。

★★★ 無断キャンセルは身の破滅を招く！

予約を取り消すとキャンセル料が発

生することがありますが、それがイヤで連絡を入れないと大変なことになります。お店の損害額を賠償しなければならなくなるのです。

携帯電話の番号と名前しか伝えてないから大丈夫などと思うのは甘い考え。お店側が裁判を起こすと、携帯番号が調査され、身元が明るみにでます。

無断キャンセルは身の破滅を招く可能性もあると覚えておきましょう。

★★★

キャンセルの電話はこんなふうに

キャンセルせざるをえない場合、なるべく早くお店に連絡します。連絡が早ければ早いほどお店は別の予約を受けられる可能性が高まり、損害も小さくなります。

電話で「行けなくなった」と伝えるだけでは少し不誠実。「主賓がこられなくなった」「身内に不幸があった」など、事情をきちんと話せば、お店の信頼を損なうこともありませんし、次回の予約も受けてもらえるでしょう。

できるだけ早く連絡し、正直に事情を伝えること。

PART

2

着席・注文のマナー

- □ お出迎えと会食前のマナー
- □ 入店から着席までのチェックポイント
- □ 会食の座席の上座と下座
- □ お酒と料理をスマートに注文する
- □ 恥をかかない振る舞いとマナー

会食は顔合わせの前から始まっている

幹事ならば早めに到着して最終チェックを

接待で食事をしたり、お酒を飲みに行ったりする場合、**誘ったほうが先に着いて先方を迎えるのが常識**です。

あなたが幹事なら、たとえ事前にお店側と打ち合わせが済んでいたとしても、約束の時間の30分前には到着するようにしましょう。そして座席や料理の内容、お酒を出すタイミングなどについて再確認しておきます。

幹事でなければ15〜20分前に着くようにする

幹事でない場合、あなたが**接待する側なら、15〜20分前にはお店に着いていましょう**。相手に目上の人がいて、その人を待たせてしまうようなことがあると印象を悪くします。

逆に、**あなたが接待される側の場合は、時間ちょうどに到着して大丈夫です**。先方より早く着いてしまうと、気まずい思いをさせてしまいます。

★★★

お出迎えをするのがマナー

接待する側の場合、出迎えるのがマナーです。**店先で待つのがベスト**ですが、店内に**待合席があるならそこで、なければドアを入ったあたりで待つ形でもかまいません。到着したら席まで案内しましょう。**

出迎える人は代表者一人で十分。やりすぎは、かえって相手に気をつかわせてしまいます。

お出迎えは店先か待合室で。

★★★

遅刻しそうな場合は？

致し方なく遅れてしまう場合はどうすればいいでしょうか。

あなたが接待される側なら、主催者とお店に電話して、先に始めてもらうように伝えましょう。到着したら丁重におわびし、他の人と足並みが揃うように料理を出してもらいます。

入店から着席までのチェックポイント

案内スタッフがいる場合は招いた相手の後ろに続く

★★★
大きなバッグやコートはクロークに預ける

大きめのバッグやコートは、クロークやお店のスタッフに預けるのがマナーです。これは店外でついた埃や塵を席まで持ち込まないようにするための配慮です。**お店にクロークがない場合、コートは入口で脱ぎましょう。**

一方、小さめのバッグは持ち込み可です。貴重品や化粧道具などは手元に置いておくようにしましょう。

★★★
入口から席への移動の仕方

入口から席まで移動する際、お店のスタッフが案内してくれることがあります。その場合、**誘った相手に「お先にどうぞ」と勧め、スタッフの後ろに続いてもらいましょう。**誘った人はその後ろに続きます。

お店のスタッフの案内がない場合、誘った人が先を歩き、席まで進みます。「お客様だから」と誘った相手に先を譲り、後ろから進路を指示するのは失礼です。先に立って案内しましょう。

移動時の順番

お店のスタッフが先頭、その後に誘った相手、誘った人と続く。

★★★ 洋風レストランでは レディーファーストが基本

洋風のレストランでは欧米の習慣が定着しており、レディーファーストが基本となります。そのため、スタッフは必ず女性を先に案内し、席に関しても上座側を勧めます。

あなたが招かれた側だとしても、女性の前を歩くのはNG。マナーを知らない男性だと思われてしまいます。

女性もせっかく案内してくれているのに辞退するのは野暮というものです。スタッフに従って、エレガントに行動しましょう。

椅子に座るとき

静かに腰を下ろしたら、背筋を伸ばして座る。バッグは背中と椅子の間か、椅子の右下に。

椅子の左側に立ち、お店のスタッフに椅子を引いてもらう。

★★★
エレガントな座り方

レストランで着席するときには、椅子の左側に立ち、お店のスタッフが椅子を引いてくれるのを待ちます。椅子が引かれたら椅子とテーブルの間に立ち、自分の膝裏などに椅子が当たったタイミングで腰を下ろしましょう。

ここで注意したいのは、ドスンと座らないこと。音を立てずに静かに腰を落とし、背もたれにもたれないようにしつつ、背筋を伸ばして座ります。

バッグや手荷物をもっているなら、椅子と背中の間か、椅子の右下に置き

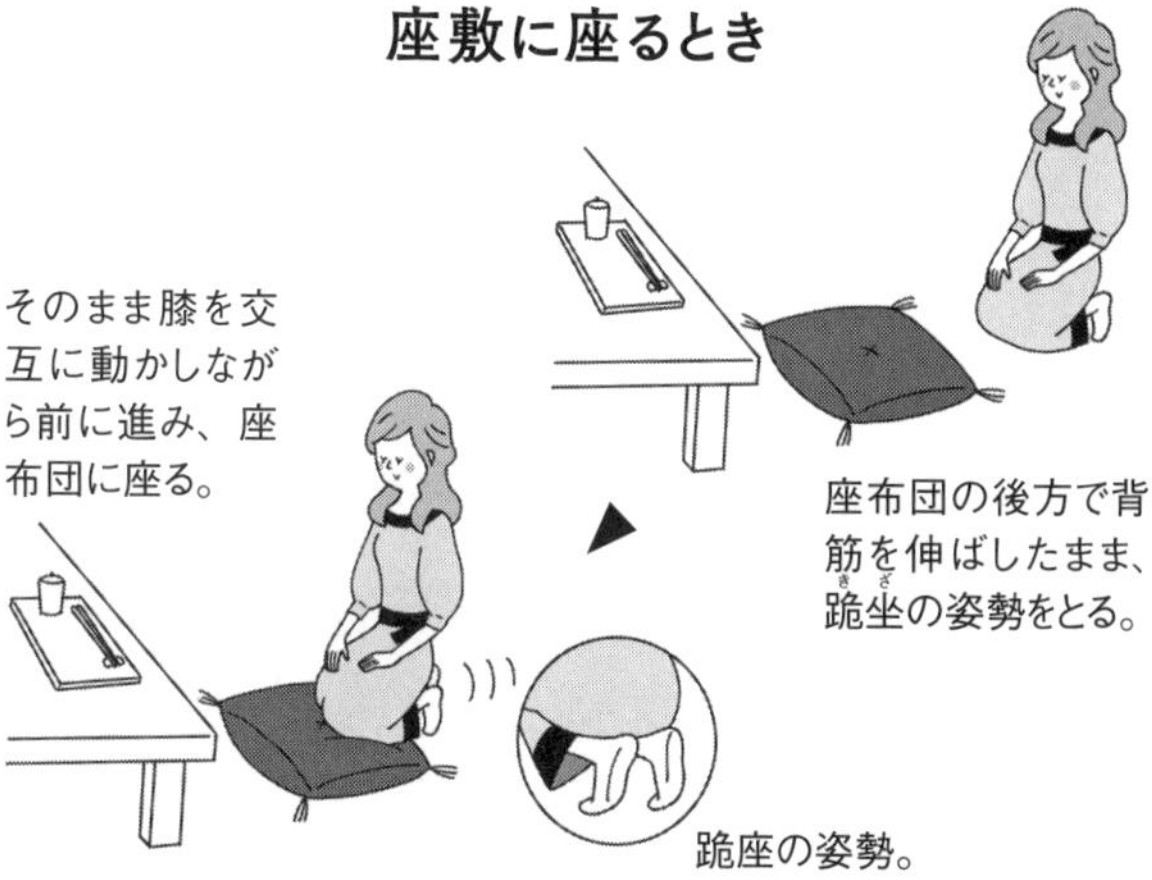

座敷に座るとき
そのまま膝を交互に動かしながら前に進み、座布団に座る。
座布団の後方で背筋を伸ばしたまま、跪《き》坐《ざ》の姿勢をとる。
跪座の姿勢。

ましょう。左側に置くとお店のスタッフのサービスの邪魔になります。

バッグをかけるテーブルハンガーがあったとしても、右側にかけるのが基本です。ただし、隣の人の邪魔にならないように気をつけましょう。

★★★
座敷では座布団の上に直接乗ってはいけない

座敷に座るときには、また独特の作法があります。

まず座布団の後方に立ち、背筋をまっすぐ伸ばしたまま腰を下ろします。**直接座布団の上に乗ってはいけません**。

次に膝を畳につけた状態で、両足のつま先を立てた跪座《きざ》と呼ばれる姿勢をとり、膝を交互に動かしながら前に進み座布団に座ります。**座布団に足の裏を乗せるのはマナー違反。座布団に足の裏を乗せるのはマナー違反。跪座の姿勢で膝から座布団に乗ってください**。

その後は正座が基本ですが、ずっと正座でいる必要はありません。足を崩したいときは、女性なら、足を体の斜め後方に揃えて流せばいいでしょう。

クロークに預けなかった**小さなバッグや手荷物などは、座布団前方の座卓の下に置きましょう**。どんなに小さなものでも、決して座卓の上に置いてはいけません。

★★★

事前に化粧室に行っておく

実は、着席する前に必ず行っておきたい場所があります。それは化粧室。

外で食事をするときはおしぼりを出してもらえるものと思い込んでいる人が多いですが、おしぼりを出さない店も少なくありません。正式な晩餐会にはおしぼりが出ないからです。

このことは、「食事の前に化粧室できちんと手を清潔にしておいてください」という隠れたメッセージでもあります。席に着く前に、忘れずに化粧室に行きましょう。

化粧室に行っておくのは、手を洗って清潔にするためだけではありません。食事中になるべくトイレに立たないようにするため、さらに身だしなみを整えるためでもあります。

お店のスタッフに入口から席まで案内されてしまい、化粧室に行くタイミングを逃してしまった場合は、**注文を終えた後、料理や飲み物が運ばれてくる前に行く**といいでしょう。

★★★
スマホや携帯電話はマナーモードに！

最近はスマートフォンや携帯電話をかたときも離さない人が目立ちます。

スマホでラインやメールをしながら、あるいは動画をみながら食事をしている人もたくさんいるでしょう。

接待すべき相手の前で動画をみはじめる人はさすがにいないでしょうが、そこまでではなくても、スマホを何度も取り出すのは失礼ですし、完全にマナー違反です。相手があなたの振る舞いをとがめなかったとしても、印象はガタ落ちでしょう。

レストランで着席するやいなや、テーブルの上にスマホを置いたりするのもNG。電源をオフにするか、マナーモードにしてバッグの中にしまっておいてください。

会食の座席の上座と下座

出入口から最も遠い席が「上座」、近い席が「下座」

★★★ レストランの席次

友人や家族との食事では特に意識しませんが、仕事関係の食事で気をつけないといけないのが席次の問題です。

目上の人、接待される側の人が座る席を上座、目下の人や接待する側の人が座る席を下座といいます。

レストランのテーブル席の場合、出入口から最も遠いテーブルがいちばん格の高い場所になり、**そのテーブルの**

洋食レストランの場合

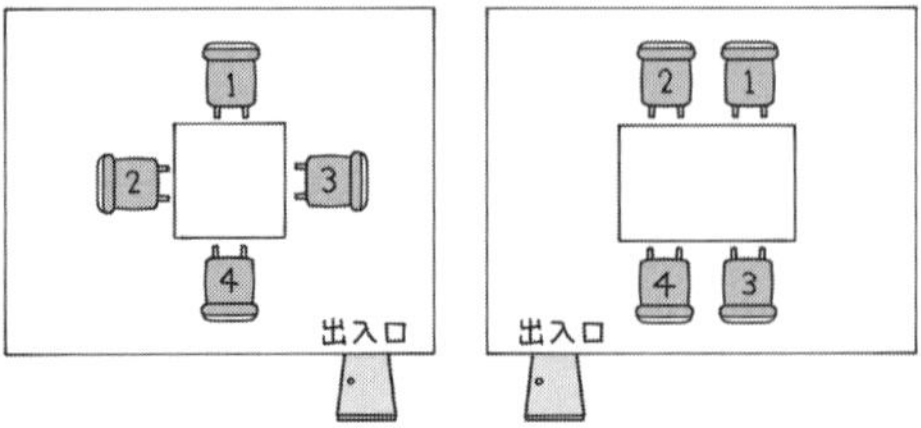

出入口から最も遠いテーブルが最上の場所。そのテーブルで出入口から最も遠い席が上座、最も近い席が下座になる。

中で入口から最も遠い席が上座で、近い席が下座になります。

ただし、この原則が常に正しいとは限りません。テーブルが長ければ真ん中の席のほうが、高層ビルのお店なら眺めのいい席のほうが上席と考えられますので、その場の状況に応じて臨機応変に判断するようにしましょう。

和食店の座敷の席次は？

和室の場合、**床の間の前が上座で、出入口に近いほど下座**となります。床の間の前に並んで座るときは**向かって右が第一座、その隣が第二座**と覚えて

和食店の場合

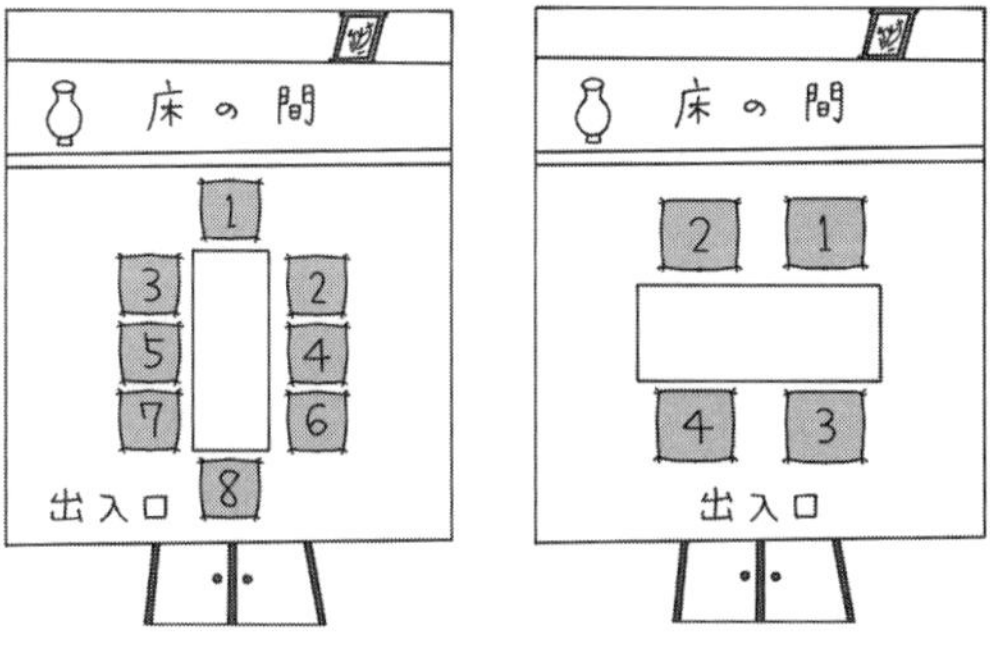

床の間の前が上座、出入口に近いほど下座になる。床の間の前に並ぶときは向かって右が第一座、左が第二座になる。

おきましょう。
床の間がない和室もありますが、その場合、出入口から遠い席が上座になります。

★★★ 中華料理店の円卓も基本は同じ

中華料理店では、多くの円卓が並んでいます。最初は悩んでしまうかもしれませんが、席次の考え方はレストランと同じです。

出入口から最も遠い席が最上の場所であり、円卓ごとの席次についても、出入口からいちばん遠い席が上座になります。

中華料理店の場合

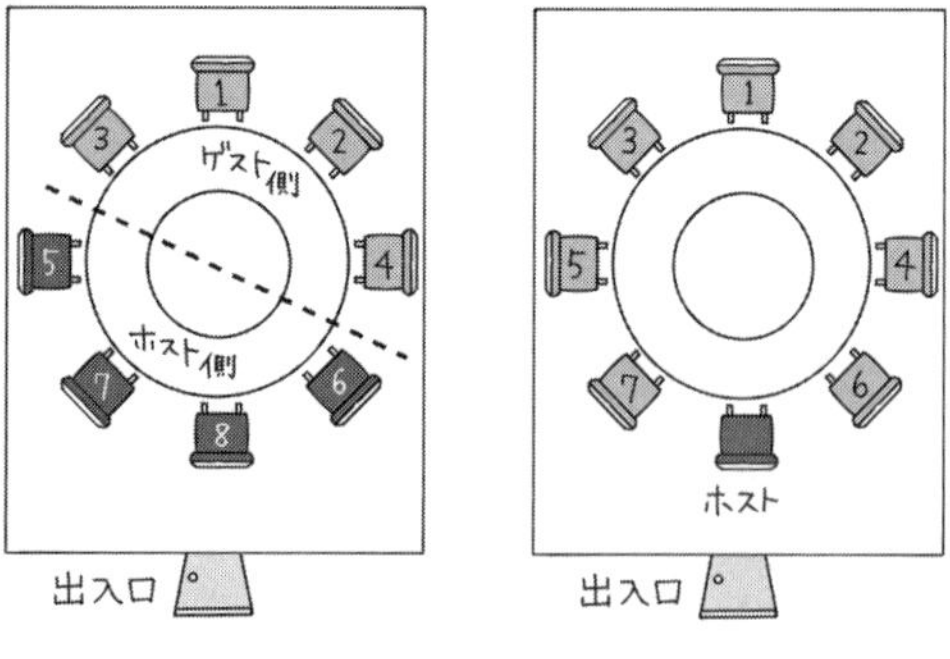

出入口から最も遠い円卓が最上の場所。その円卓で出入口から最も遠い席が上座、最も近い席が下座で、ホストは下座に座る。

双方が複数人の場合、ゲストは上座側、ホストは下座側に分かれ、男女交互に座るのが一般的です。

★★★
カウンター席では大将の前を上席と考える

カウンター席も出入口から最も遠い席が上座というのは変わりません。

ただし寿司屋やバーの場合、大将やバーテンダーがカウンターの中央付近にいることが多いので、出入口からの距離にこだわらず、**大将やバーテンダーの前を上席と考える**といいでしょう。

カウンター席の場合

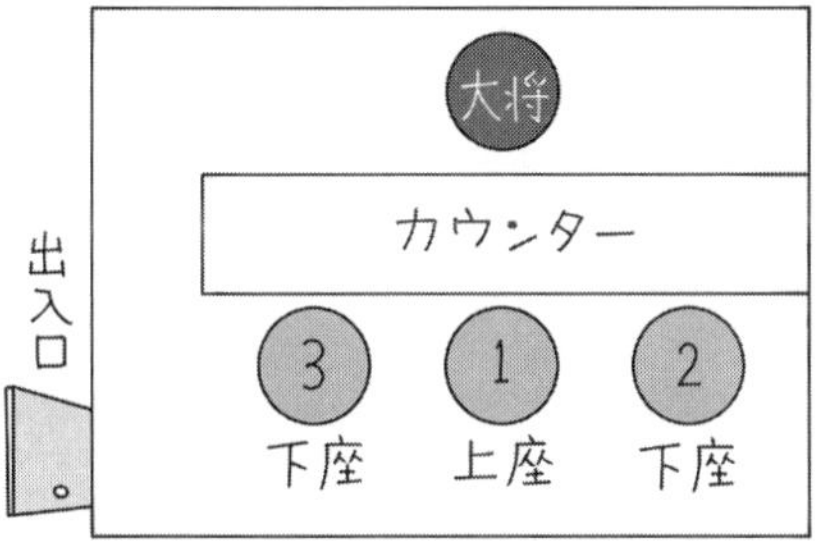

基本は出入口から最も遠い席が上座になるが、寿司屋やバーでは店員の前の席を上座と考える。

お酒と料理をスマートに注文する

★★★

「とりあえずビール！」とはいわない

格式の高いレストランでは、入店して着席すると、食前酒を何にするか尋ねられます。

お店のスタッフから「食前のお飲み物はいかがしましょうか？」と聞かれて、「とりあえずビールで！」といつもの調子で返す人もいるかもしれませんが、これは控えたほうがいいでしょう。

スタッフに相談しながらもてなす側がまとめてオーダーを

カジュアルなレストランや居酒屋などであれば何も問題はありませんが、格式の高いレストランの場合、食事の前に飲む食前酒としては、ビールには疑問符がつきます。ビールを先に飲むと、お腹が膨れて料理の楽しみが半減してしまうからです。

食前酒は、料理の邪魔にならない飲み物を選びましょう。

シャンパンやスパークリング・ワイン、キールやシェリー、マティーニなどがおすすめです。

★★★

同じテーブルの人たちと足並みを揃えて注文する

会食の場で料理を選ぶ際には、自分の好きなものを自由に注文していいのですが、他の人と足並みを揃えることも大切です。

たとえば洋食の場合、オードブル、スープ、メイン、デザートをそれぞれ1品ずつ頼み、**料理の数が全員同じになるようにします**。一人だけメインに魚料理と肉料理を2品頼んだりすると、全体の食べるペースが乱れてしまうので考えもの。全体を見ながらオーダーするようにしましょう。

ホストの立場なら、全員のペースが合うように調整したほうがいいかもしれません。

骨つき肉やロブスターといった食べにくい料理を、一人だけ頼むのも控えたいところです。食べるペースが遅れて、他の人を待たせてしまうからです。食べることに夢中になりすぎて、会話が弾まない原因にもなります。

ゲストの場合、どうせ奢りだからと、高価な料理ばかり注文するのはやめましょう。品格が疑われます。

逆に、安い料理ばかり選ぶのも失礼にあたるので、適度を意識してオーダーしましょう。

どんな料理かわからなければスタッフに聞く

　オーダーしようとして、いざメニューを開いたら、外国語で書かれていたり、知らないカタカナ語ばかりでどんな料理かわからない……。

　そんなときは、恥ずかしがらずにお店のスタッフに尋ねましょう。料理について専門家と話すことも食事の楽しみの1つ。料理の詳しい内容やウンチクを教えてくれるかもしれません。

　どうしても聞くのがイヤなら、前菜、スープ、メインなどの中から、それぞれいちばん上に載っているメニューを選ぶという裏ワザもあります。

ワインはソムリエ任せでOK

　メイン料理を選んだ後は、飲み物を頼みます。ビールでもかまいませんが、洋食なら料理に合うワインを頼むのも楽しみの1つでしょう。

　ワイン選びは、それなりのワイン通なら別ですが、そうでなければソムリエに頼ってしまうのが無難です。

　ソムリエに任せることは恥ずかしいことではありません。注文した料理、渋さや甘さなどの好み、予算を伝え、最もふさわしいワインを選んでもらいましょう。一般的には肉料理には赤、魚料理には白が合うといわれていますが、自分の好みで選んでもOKです。

ちなみに、自分で選ぶ場合は、料理の3分の1程度の値段のワインを選ぶといいといわれています。

会食ではコース料理がおすすめ

ここまで読んで、なんだか料理を頼むのは面倒だな……と思ってしまった人は、コース料理を選択することをおすすめします。コース料理の場合、お店側は料理をスムーズに提供できるように準備しているので、ペースの乱れを心配しなくて済みます。

コースの中で好きな料理を選ぶプリフィクス方式だとしても、お店側にとっては、どれも想定内ですから、注文は実にスムーズです。

オーダーは一人がまとめてすると好印象

大人数での会食の場合、オーダーは誰か一人がまとめて行うのがスマートです。**もてなす側の最も立場の下の人がまとめて注文します。**

カップルでの食事ならば、オーダーするのは男性の役目。レディーファーストを忘れないようにしましょう。

お客様は神様じゃない！命令口調や大声はNG

「お客様は神様」の態度は慎む

「ちょっと、ビール追加してよ！」「料理が遅いぞ！」

たとえどんなに親しい店であっても、店員に向かって乱暴な口をきくのはやめましょう。同席者だけでなく周囲のお客まで不愉快な気持ちにさせてしまいますし、なによりその人の品格が疑われます。店員に対しても、丁寧な言葉遣いを心がけましょう。

料理方法を聞くのはマナー違反

お店の人に、「この料理のつくり方を教えてください」と頼む人がいます

お店のスタッフに対する乱暴な言葉遣いはゼッタイNG。

が、これは失礼にあたります。料理方法がわかれば自分にもつくれる、と言っているようなものだからです。プロにはプロの技があり、プロのプライドがあります。**いくらレシピが気になったとしても、つくり方を尋ねるのはマナー違反**と覚えておきましょう。

★★★ 会話は「テーブルサイズトーク」が基本

食事中の会話は楽しいもの。ついつい大声で話したり、大笑いしたりしてしまいますが、フォーマルなレストランの場合、お店の雰囲気を台無しにしてしまいかねません。

テーブルを囲む人だけに聞こえる話し方を「**テーブルサイズトーク**」といいます。これがエレガントなマナーの基本です。

★★★ 専門用語を使いすぎないように

料理店には専門用語がたくさんあります。寿司屋ならガリ、シャリ、アガリ、おあいそといった具合です。

有名な言葉ですし、口にすると粋な感じがしますが、そもそも専門用語はお店サイドが使う言葉で、素人が使うと無粋な客と思われかねません。**専門用語の使いすぎに気をつけましょう。**

PART
3
会食のマナー 1
食べ方の基本

- □ 洋食のマナー① ナプキンの使い方
- □ 洋食のマナー② カトラリーの使い方
- □ 洋食のマナー③ スマートな食べ方
- □ 和食のマナー① 箸と器のもち方・扱い方
- □ 和食のマナー② スマートな食べ方
- □ 中華料理のマナー① 右まわりが基本
- □ 中華料理のマナー② 器、箸、レンゲの使い方
- □ 中華料理のマナー③ スマートな食べ方
- □ 食事中のマナー① 困ったときには
- □ 食事中のマナー② 周囲を気遣うコツ

洋食のマナー1
ナプキンの使い方

ナプキンはいつ広げる？食後はどうたたむ？

★★★
料理の注文が終わったらナプキンを膝に広げる

レストランでは、**料理の注文が終わったらナプキンを広げます。**

椅子に座ってすぐにナプキンを広げる人がいますが、それはNG。料理の注文をしないうちに広げるのも、お腹が空いて焦っているように見えてしまい、エレガントではありません。

ナプキンは、2つ折りにし、折れ目が自分のほうを向くようにして膝上に置きます。着物の場合は帯の間に挟んでもかまいませんが、洋服の襟元やベルトに挟むのはマナー違反です。

なお、**結婚披露宴などの席では、乾杯が済み、着席したタイミング**で広げるようにします。

★★★
口元や手の汚れはハンカチではなくナプキンでふく

食事中、口元や指先が汚れたら、ナプキンでふきます。**口元の汚れは折りたたんだ内側の部分を使います。**

自分のハンカチでふくと、ナプキンが不衛生で使えない、という意味になってしまうので注意しましょう。

★★★
中座するときは椅子の上、食べ終わったらテーブルの上に

食事の途中でやむをえず席を立つときは、ナプキンを軽くたたんで椅子の上に置くか、背や肘掛けにかけます。これが中座のサインです。

食事が終わったら、軽くたたんだナプキンをテーブルの上に置きましょう。このとき、きちんとたたんでしまうと「おいしくなかった」というメッセージになるので、避けてください。

注文後
ナプキンを広げる

食事中
汚れをきれいに

食後
ナプキンをたたむ

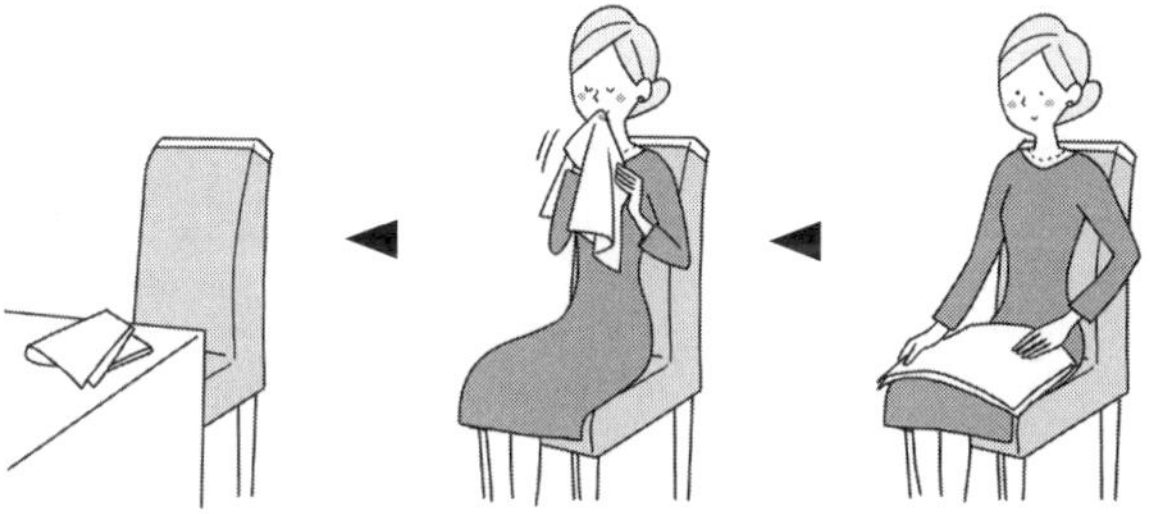

2つ折りの折れ目が自分のほうを向くようにして膝上に。

口元や指先の汚れは、折りたたんだ内側の部分を使ってふく。

きっちりではなく、軽くたたんだ状態でテーブルの上に置く。

洋食のマナー❷ カトラリーの使い方

カトラリーは外側から。フォークは右手にもち替えてもOK

★★★
カトラリーのセッティングを覚えよう

ナイフ、フォーク、スプーンなどのことを「カトラリー」といいます。

格式高いレストランで、テーブルの上にカトラリーがズラリと並んだ様子をみると、どのように使えばいいのか戸惑ってしまう人も多いでしょう。でも、セッティングのルールを知っていれば迷うことはありません。

カトラリーはオードブル用、魚用、肉用、皿の奥側に置かれたデザート用の4種類のセットがあり、外側から使うように順番に並べられています。このルールを覚えておき、セッティングを動かさずに使っていけば大丈夫です。

なお、ナイフとフォークは基本的にペアで使うようにセッティングされていますが、フォークだけで食べた場合、使わなかったナイフは、そのまま置いておいて問題ありません。

使う順番を間違えてしまったとして

テーブルセッティングの基本形

外側から、セッティングを動かさずに使っていく。
この基本さえ押さえておけば大丈夫。

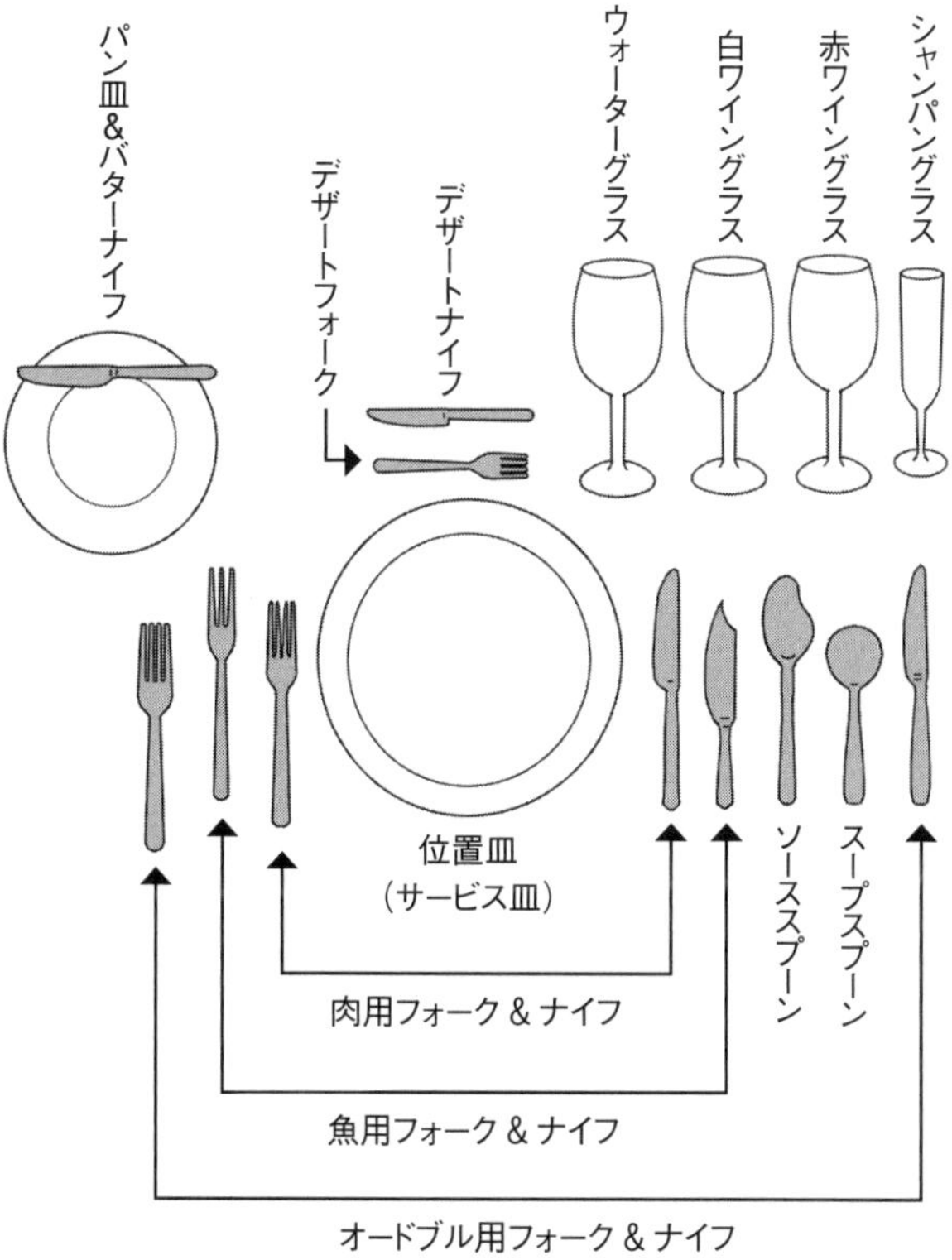

も、心配はいりません。お店のスタッフがさりげなくフォローしてくれるはずです。

★★★

ナイフとフォークの基本のもち方、使い方

ナイフは右手にもちます。人差し指をナイフの刃と柄の境目あたりに載せるようにすると、刃先が安定します。

フォークは背を上にして左手でもち、人差し指を柄の手前にかけて、指先でしっかり押さえます。

ステーキのようにカットしながら食べる料理は、**左から一口分ずつ切っていくのが基本**です。

ナイフとフォークのもち方

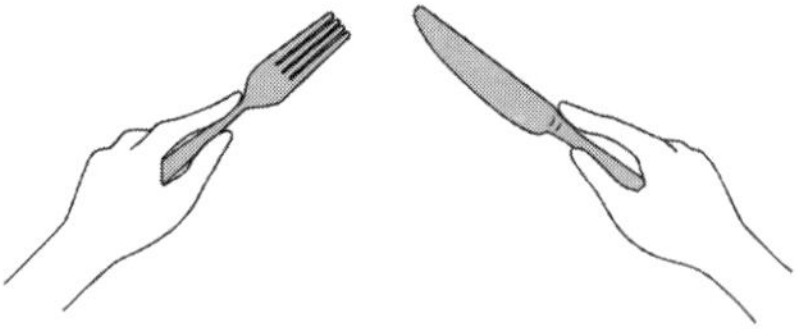

ナイフは右手、フォークは左手にもつ。

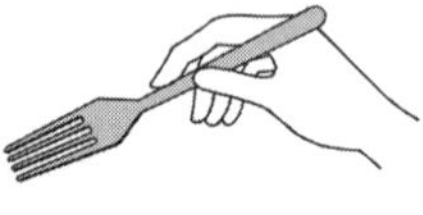

右手にフォークをもち替えるのは原則的にフランス式ではOK、イギリス式ではNG。

なお、**左利きの場合、ナイフとフォークを、左右逆にして食べてもかまいません。** スタッフに頼むとセッティングを変更してくれます。

魚料理はソーススプーンで食べる

スプーンは右手にもちます。スプーンを使う料理は魚料理、スープ、デザートなど。魚料理はフォークだけでなくスプーンで食べることもあるのです。

魚料理に使うスプーンはソーススプーン（フィッシュスプーン）といい、平たくて側面にくぼみがあり、魚用のナイフの刃の部分を短くしたような形をしています。これでソースを使った魚料理を食べます。

魚料理をフォークで食べると身が崩れてしまうことがありますが、ソーススプーンならそうはなりません。左手にフォーク、右手にソーススプーンをもったら、フォークで身を軽く押さえてソーススプーンで切り分け、ソースと一緒に身を口に運びましょう。

ナイフとフォークで「食事中」「ごちそうさま」の合図を

ナイフとフォークは意思表示にも使われます。

食事中に話をしたり、水やワインを

飲む際にはナイフとフォークをいったん置いて、食事を中断するのがマナー。このとき**ナイフとフォークをお皿にハの字に置くと、「食事中」のサイン**になります。フォークは背を上に、ナイフは刃を内側に向けます。

また、食事が終わったらナイフとフォークを揃えて斜めにし、お皿の中央に置きます。これが「ごちそうさまでした」のサインです。ここでもナイフは刃を内側に向け、フォークは背を下にして置きます。

ナイフとフォークでの意思表示

ナイフとフォークをハの字に置くと「食事中」のサイン。

右斜め手前に揃えて置くと「ごちそうさまでした」。

★★★

ナイフレストって何?

カジュアルなレストランでは、ナイフとフォークが1セットしか用意されていないことがあります。皿が下げられるときに、ナイフとフォークの置き場に迷ってしまったときに使うのがナイフレストです。**フォークは左、ナイフは右に置きます。**

ナイフレストもなければ、フォークを上向きにし、フォークの歯にナイフの刃を載せるように置きます。

ナイフレストの使い方

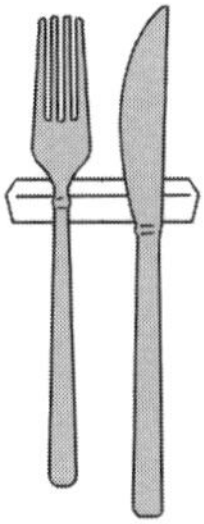

ナイフを右、フォークを左に置く。

★★★

フィンガーボールの水は飲んじゃダメ！

手のひらサイズの水の入った器が、果物や甲殻類の料理などと一緒に運ばれてくることがあります。皿に載っていたり、レモンや花が散らされていたりすることも。これを「フィンガーボール」といいます。間違っても中の水を飲んではいけません。

その名のとおり、フィンガーボールは指先を洗うためのもの。手を使って食べた後、片手ずつ、3本ほどの指先を軽く濡らして、ナプキンできれいにふきます。

フィンガーボールは必ず使わなければいけないわけではありません。ただ、**フィンガーボールが出てきたら、この料理は手を使って食べてもいいというメッセージ**なので、食べにくいときは手を使って食べましょう。

パンは主食ではないから食べすぎないで！

和食ではご飯が主食です。でも、洋食の主食はパンではありません。

洋食におけるパンの役割は一皿を食べた後、次の料理の前に口の中をリセットするためのもの。つまり、〝消しゴム〟のような役割を果たす食べ物なのです。

ですから、パンがいくらおいしくても、やたらと食べるのはいただけません。お代わりもできますが、お代わりしたら残さず食べるのがマナーです。最後まで料理を楽しめるよう、きちんとお腹の具合を確かめながら食べましょう。

パンを食べるタイミングは、スープの後からデザートの前までが基本ですが、皿に残ったソースをパンでぬぐって食べてもかまいません。

パンを食べるときは、皿の上で一口大にちぎり、好みでバターなどをつけて口に運びます。パン全体に一度にバ

ライスはフォークの背に載せる？　肉や魚はどう食べる？

ターを塗るのはマナー違反です。ソースをぬぐうときも同じく一口大のサイズにちぎります。

パンくずがテーブルに落ちたらそのままにし、サービススタッフが片付けてくれるのを待ちましょう。

★★★
スープは手前から奥に向けてすくう

スープは、スプーンですくって飲みます。日本では**スプーンを手前から奥に向けてすくうのが一般的**です。

皿に左手を添え、スプーンが皿に当たって音を立てないよう注意しながら、スプーンの9分目ぐらいまですくいます。満杯にすると、ポタポタ垂れてしまうのでやめましょう。

また、スープは音を立てて飲んではいけません。**スプーンを縦にして口に入れると音を立てずに飲むことができます。**

スープのすくい方

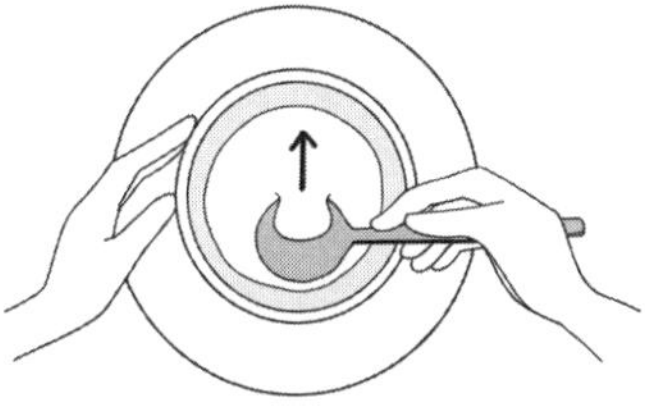

手前から向こう側へすくう。1回にすくう分量はスプーンの９分目が目安。

★★★

魚は身をすくうイメージで、肉は左端から順番に食べる

魚料理は身が柔らかいので、**フォークで身をすくうように**食べてもかまいません。スープが多く、ソーススプーン（フィッシュスプーン）が用意してあるなら、スプーンで切り分け、すくって食べるのがおすすめです。

切り身ではない魚の場合は、**中骨に沿ってナイフで切れ目を入れ、向こう側の身から先に食べます**。表面《おもて》を食べたら、ナイフで骨を外し、下側の身を食べましょう。外した骨はきれいにまとめて皿の上に。

肉料理は、左端から一口分ずつ切って食べていきます。最初に全部切り分ける人がいますが、**食べるぶんだけ切り分けて食べていく**のがマナーです。

骨つき肉の場合は、骨に沿ってナイフを入れて骨と肉を切り離します。串焼きの場合は、フォークで串から肉を外します。その後、塊が大きいようなら、小さく切って食べましょう。

意外と食べにくいのが付け合わせの野菜やサラダ。これも基本的にはナイフとフォークを使います。たとえばレタスなどの葉物なら**一口サイズにカットしたり、折ったり重ねたりして厚みをもたせる**と上手に食べられます。

★★★

ライスはフォークの背に載せる？　それとも腹に載せる？

ライスをフォークで食べるとき、あなたは背に載せて食べますか、それとも腹に載せて食べますか？

ライスの食べ方は国によって違い、**フォークの背に載せて食べるのはイギリス式、腹に載せて食べるのはフランス式**です。どちらが正しいということはなく、フランス料理店では腹に載せるのが正式ということになります。

日本のレストランではどうかというと、どちらでも大丈夫です。食べやすいほうを選びましょう。

★★★

デザートは欲張りすぎない

甘いものが好きな人は、食後のデザートが欠かせません。好きなものを好きなだけどうぞ、というスタイルのお店だと、あれもこれもみんな食べたくなってしまうでしょう。

もちろん、どれだけ食べてもいいのですが、皿に山盛りにするのはいただけません。一枚の皿にきれいに盛りつけることができる量にとどめておきましょう。皿にきれいに載せられるなら、ケーキやアイスを2個、3個といただいても大丈夫です。

和食では、箸と器、どちらを先にもち上げる？

★★★
箸を手にとるとき、置くときは片手でなく両手で

ふだんは何気なく使っている箸ですが、日本料理店などで食事をする場面では、できるだけ美しく扱いたいものです。

箸の正しいとり方、もち方、置き方などを知っておくと、それだけでエレガントにみえるので、ぜひ覚えておきましょう。

箸を食卓から手にとるときは、両手を使います。

まず、右手で箸の真ん中より右寄りをもってもち上げ、左手で箸の下を支えます。

次に、右手を箸に沿うように右端まで滑らせたら、そのまま箸の下にまわし、手のひらを上に向けてもち直します。

箸を置くときも両手を使います。

右手で箸をもち、左手で箸を下から支えた状態で右手をまわし、上から箸をもちます。

その後、左手を外して右手で箸を静かに置きます。

割り箸の割り方にも正式な作法がある

割り箸を割る際、右手と左手で左右に割る人がいますが、これはマナー違反です。

　割り箸は横向きにし、左手で下側の箸を固定して、右手で上側の箸を静かに広げるように割ります。徐々に力を入れるようにすると、きれいに割ることができます。

　また、割り箸を割った後、箸の先をこすり合わせると、粗悪な箸を使っているという意味になるので控えましょう。ささくれが気になるようなら、そっと手でとり除くようにします。

割り箸の割り方

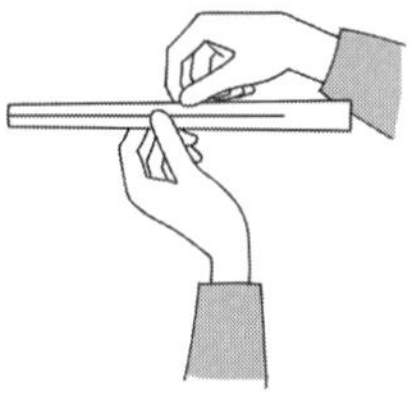

箸袋から横向きに引き出し、左手で下側の箸を固定しつつ、上側の箸を右手で広げて割る。

箸のもち方をもう一度チェック

なかなか難しい箸のもち方。正しい作法は次のとおりです。

　上側の箸を人差し指と中指の第一関

節のあたりで挟み、親指を添えます。下側の箸は中央あたりを薬指の第一関節部分に当たるようにしてもち、上部を親指と人差し指の付け根のところで挟んで固定します。そして上側を親指と人差し指、中指の3本で動かすと、上手に使うことができます。

人差し指を1本だけ立てて使わなかったり、人差し指と中指で挟んでペンのようにもったり、握るようにもって食べ物を突き刺すように食べるのは不作法です。見た目にも悪いので直しましょう。

箸のもち方

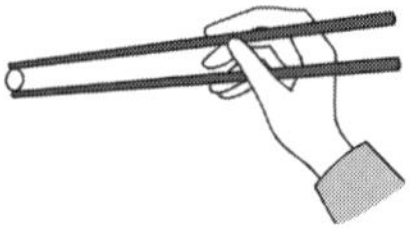

上側を親指と人差し指、中指の3本で動かすのが上手に使うコツ。

たくさんある箸づかいのタブー

箸の扱い方にもさまざまなタブーがあります。

刺し箸：料理に箸を刺して食べる。
迷い箸：どれにしようかと、複数の器の上で箸を動かす。
寄せ箸：箸で小皿などを引き寄せる。
渡し箸：茶碗や皿の縁に箸を渡す。

逆さ箸：料理をとり分けるときに、箸を上下逆にもつ。

そのほか**箸先を舐めたり、箸をもったまま器をもち替えるのもタブー**です。知ってはいても、無意識にやってしまわないよう気をつけましょう。

★★★ 和食は器や茶碗をもち上げて食べる

和食は、基本的に器をもち上げて食べます。ただし、手のひら以上の大きさの器は、お重やどんぶりを除いてもち上げずに食べます。

器をもつときは、両手でもち上げて

箸づかいのタブー

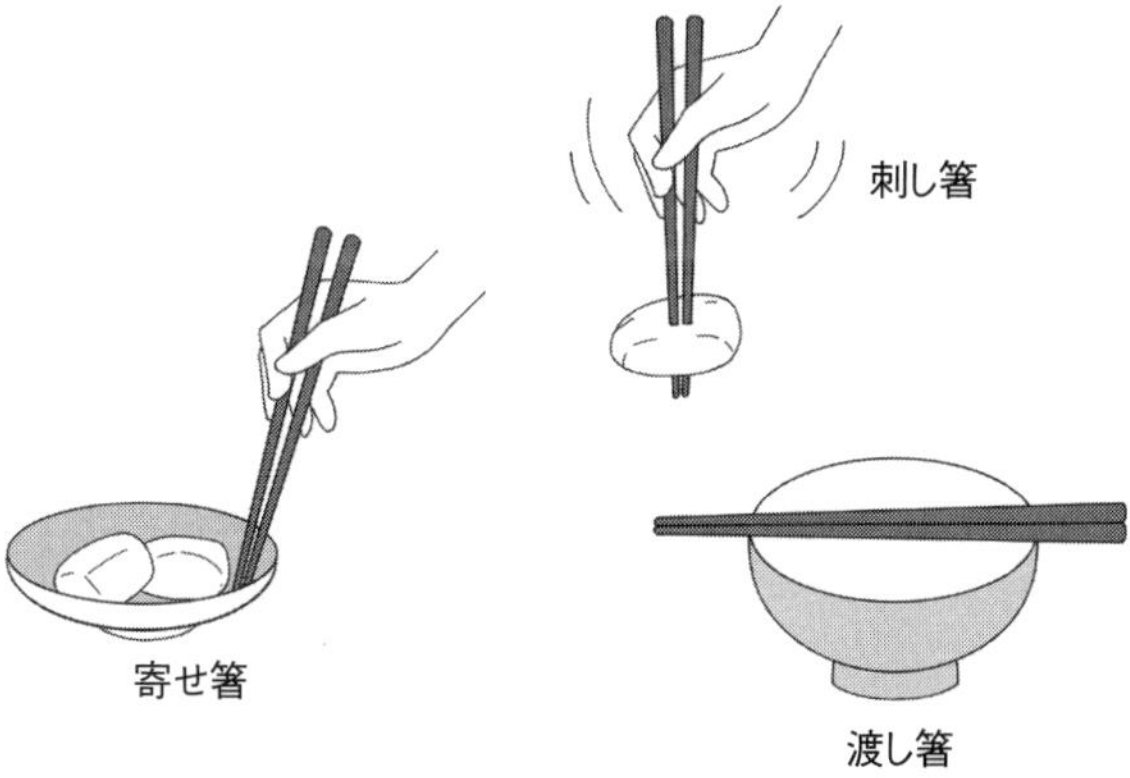

から片手に移し、利き手で箸をもつようにします。茶碗は親指を縁に軽くかけ、残りの4本の指で糸底を支えるのが正式なもち方です。

★★★
器とお箸、どちらを先にもつ？

器と箸をもち上げる順番はどちらが先だと思いますか？　答えは器です。

左手で器をもったら、右手で箸をとり上げます。次に箸先を左手の薬指と小指の間で支えながら、右手を箸に沿って横に滑らせながら下にまわしてもち替えます。

器をもち上げるときは、いったん箸を置くと覚えておきましょう。

★★★
器のふたはどうやって置けばいい？

汁物や蒸し物などの**器のふたは、食べるときにそっと静かにはずし、裏返して置きます。**

右側にある料理のふたは右手で外して膳の右側へ、左側にある料理のふたは左手で外して左側へ置くようにします。このとき、ふたの裏側についたしずくが落ちないように気をつけましょう。

食べ終わったら、器にふたをして元の形に戻します。

★★★

懐紙をもち歩こう

和食を食べるときは、懐紙を上手に使いましょう。

懐紙とは、平安時代から使われてきた携帯用の和紙のこと。**手や箸先、お膳などをふいたり口元を隠したり、受け皿がわりにしたり、食べ物を押さえたり、魚の骨など食べ残したものを包んだり**とさまざまな用途に使えます。

女性用の印象が強いですが、男性がもっても問題なし。茶道具店や文具店などで売っているので、準備しておくといいでしょう。

懐紙の使い方

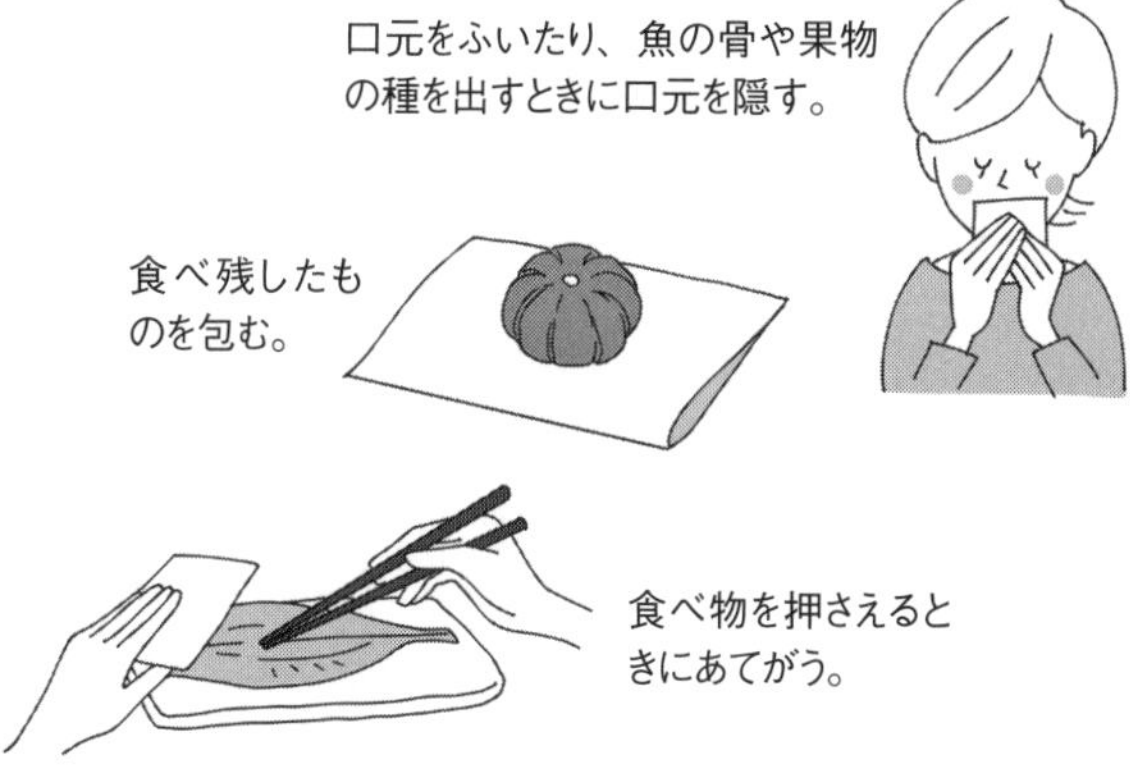

口元をふいたり、魚の骨や果物の種を出すときに口元を隠す。
食べ残したものを包む。
食べ物を押さえるときにあてがう。

和食のマナー②スマートな食べ方

料理は左から食べる。ご飯の前に汁物に箸をつける

まず汁物に箸をつける

和食のマナーにも、大人なら押さえておきたいいくつかの作法があります。ここでは和食を美しく、かつおいしくいただく食べ方の基本を紹介しましょう。

ご飯と汁物が出てきたときは、**まず汁物に手をつけて箸を湿らせます。**これによって米粒が箸にくっつくのを防ぐことができます。その後はご飯と汁物を交互に食べます。

ご飯と汁物以外は、出された順に一皿ずつ食べるとよいでしょう。

左側から食べるとよいように配置されている

会席料理などは、何種類かの料理が一緒に出てくることがあります。こうした場合、どのような順番で食べればよいでしょうか。

和食は基本的に、左側から食べるとよいように考えて配置されています。

ですから、3種類以上の料理が並んでいたら**左側の料理から箸をつけます。**これは薄味の料理が左側にくるように配置されることが多いからです。**中央から食べるのはマナー違反**ともいわれています。

また、同じお皿に3種類以上盛りつけてある場合は、左、右、中央の順に食べます。

刺身も同じです。左から順に味の淡白なものから濃いものへと並んでいることが多いので、「左から」を常に意識しておきましょう。ただし舟盛りに関しては、手前から奥へ食べ進めるとおいしくいただけます。

そしてもう1つ忘れてはいけないのが、**香の物から手をつけるのはNG**ということ。それまでの食事がおいしくなかったという意味になるので、気をつけてください。

★★★
お吸い物は汁を飲んでから具を食べる

お吸い物を食べるとき、汁と具を一緒にかき込んでいませんか？

お吸い物はまず一口汁を飲み、吸い口（ゆずや木の芽など汁物に添えられた香りのもののこと）の香りとともに味わいます。**具を食べるのはその後**です。汁と具は、別々に口に入れるのが基本なのです。

具が大きいときは、お椀の中で一口大に切ってから食べましょう。そのまま口に運んで嚙み切ってはいけません。

ご飯をお代わりするときは茶碗を両手でもつ

ご飯が足りなければ、お代わりしてもかまいません。給仕の人にお願いしましょう。

このとき茶碗をテーブルに置き、給仕の人が茶碗を受けとりにきたら、両手でもち上げて渡します。

お代わりがくるまでは箸をもたずに待ち、届いたら両手で茶碗を受けとります。そして食べる前に一度テーブルに置いてください。**受けとってすぐ食べ始めるのは「受け食い」といい、下品な行為とされています。**

また、お代わりしたご飯を残すのは大変失礼です。お代わりをお願いするときは、「半分ほどでお願いします」「一口程度でけっこうです」などと、量を指定するといいでしょう。

なお、かつては縁が切れないように、一口残してお代わりするといいとされていましたが、現在ではあまりいわれなくなりました。食べてからお代わりをお願いしても問題ありません。

お代わりの受けとり方

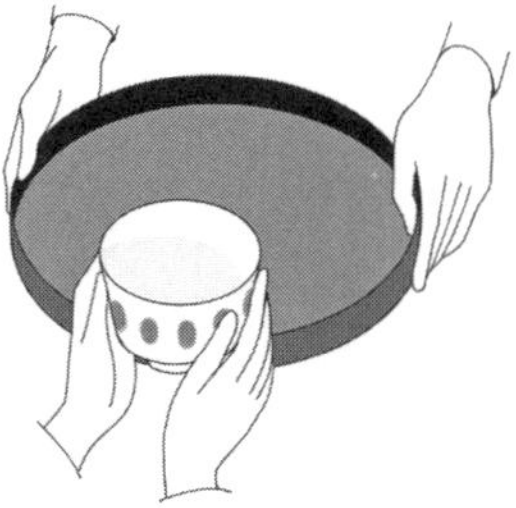

お代わりが届いたら、
両手で茶碗を受けとる。

★★★

器も楽しもう

和食では、器も料理の一部であると考えます。高級な料理店はもちろんのこと、ごく普通の和食店であっても、料理に合う器を選んでいることが多いでしょう。

せっかくの気配りですから、ぜひ器も楽しみましょう。おいしそうにみえる盛りつけのコツを、自宅の食卓に取り入れてみるのもよいかもしれません。

器の知識があれば、ホスト側に対して「これは久谷焼ですか？」「これも味のある輪島塗ですね」といった具合に言及してもいいでしょう。

何もわからなくても、「素敵な器ですね」「お料理との色合わせがきれいですね」などと器を一言褒めるだけで、ホスト側はおおいに喜んでくれるはずです。

中華料理のマナー❶
右まわりが基本

中華では「右まわり」が原則。各自が料理をとってOK

★★★
卓の中央のターンテーブルは右まわりで順番にとる

中華料理店といえば、ターンテーブルを思い浮かべる人が多いでしょう。大皿に盛られた料理がずらりと並び、お客自身がテーブルをまわして好みの料理をとっていきます。

この便利なターンテーブルを利用するにあたっては、重要なルールを守らなければなりません。そのルールとは、右まわりの原則。**主賓から順に右まわりで料理をとっていく**のです。

一巡してしばらくしたら、自由にお代わりしていいことになっています。また、自分からみて左まわりのほうが近いようであれば、右まわりの原則を

中華料理店の円卓は原則、右まわり。一巡した後は、状況しだいで少し左にまわしてもOK。

破って少しだけ左にまわしてもかまいません。ただし、左側にゲストが座っているときは、一言断ったほうが無難です。

★★★
とり分ける料理は自分の分だけでOK

大皿で料理が出てくると、誰かが全員のぶんをとり分ける場面をよくみますが、**中華料理の場合はとり分ける必要はありません**。ターンテーブルで料理の位置を移動することができるからです。テーブルをまわして、各自自分で食べる分をとりましょう。

ただし、皿に盛った料理は残さないのがマナー。食べきれないほどたくさんとるのはやめましょう。

★★★
サーバースプーンとサーバーフォークを使いこなそう

中華料理店のスタッフがサーバースプーンとサーバーフォークを片手にもち、器用に料理をとり分けている姿を目にします。

これを素人がまねするのは難しいものですが、**両手を使って1本ずつもってもマナー違反にはなりません**。サーバースプーンで料理をすくい、サーバーフォークで押さえるようにするとうまくとり分けることができます。

主食の茶碗以外、器はもち上げないのがマナー

とり皿は料理ごとに替える

中華料理店では、料理と一緒に人数分のとり皿が運ばれてきます。これは料理ごとにとり皿を変えるのが基本であることを意味します。同じとり皿を使っていると、料理の味が混ざってしまい、おいしくいただけません。とり皿は遠慮なく替えましょう。

また中華料理の場合、洋食や和食と違って、食べ終わったお皿を重ねてもマナー違反になりません。

ただし、**食べ終わった皿を、ターンテーブルに載せるのはNG**です。載せていいのは料理と調味料、使用前のとり皿だけなので気をつけましょう。

器は手にもたないのが中華の基本マナー

中華料理は小さなとり皿などで食べるので、つい器を手にもってしまいがちですが、これはマナー違反。**手にもっていいのは主食の茶碗だけで、器はも**

ち上げないのがマナーなのです。

たとえばスープ類であっても、器に直接口をつけず、レンゲですくって飲みます。

★★★ レンゲのもち方、箸の置き方

中華料理のレンゲは、親指と中指で両脇を支え、窪んだ部分に人差し指を当ててもちます。スプーンのようなもち方をしてはいけません。

麺類を食べるときは利き手と反対の手でレンゲをもちますが、麺類のスープを飲むときは、レンゲは利き手にもち替えます。

また食事中、箸は縦に置くのがルールです。箸を横に置くと、食事が終わりました、という合図になってしまうので注意してください。

★★★ フィンガーボールにお茶が入っている!?

中華料理でも洋食と同じく、フィンガーボールが出てきます。洋食のフィンガーボールに入っているのは水ですが、中華料理ではプーアール茶などお茶が入っていることがあります。

なぜお茶なのかというと、油分を落とし、肉や魚の臭みを消すため。うっかり飲まないようにしましょう。

冷たいものから先に、大皿の料理はほんの少し残す

前菜は冷たいものから

中華料理の前菜は、何種類かの料理が一緒に出てきます。冷たい料理と温かい料理が盛られていることも少なくありません。

そんなときは、**冷たいものから先に手をつけ、その後に温かいものを食べる**ようにします。

和食とは逆になるので、間違えないようにしましょう。

大皿料理は少し残す

炒飯を食べていると、最後にレンゲですくえない少しの量が皿に残ってしまいます。これをかき集めて食べようとするのは中華料理ではマナー違反。食べ切ると、「量が足りなかった」という意味になるからです。**少し残しておく**ようにしましょう。

料理も大皿にほんの少しだけ残しておくと、「十分いただきました。こん

なにたっぷりありがとうございます」という意味になります。

★★★
麺類は音を立てずに！

日本では蕎麦やラーメンは音を立てて食べますが、格式の高い中華料理店では**音を立ててはいけません**。箸で麺をすくい、レンゲを器代わりにして音を立てずに食べます。

★★★
一度だけでなく何度でも乾杯！

乾杯は日本では最初に一度だけですが、中国では**食事中にも何度も乾杯します**。たとえば新しい料理が運ばれてきたときや、話題が変わったときなどに繰り返し乾杯するのです。日本人だけならあえてする必要はありませんが、中国のかたを交えた会食なら本場の慣例に従うのもいいでしょう。

★★★
消化を助けてくれる中国茶

中国茶には消化を助ける効果があるのでどんどん飲みましょう。茶碗の中に茶葉が入っていた場合は、日本茶のようにふたをはずさず、少しずらしてふたで茶葉を押さえるようにし、隙間から飲みましょう。

食事中のマナー❶
困ったときには

こぼしたとき、落としたときは落ち着いてスタッフを呼んで

★★★
料理や飲み物をこぼしてしまった！

格式の高いレストランではこぼしてしまった料理や飲み物を、おしぼりを使って**自分でふくのはマナー違反**です。すぐお店のスタッフに伝えて片付けてもらいましょう。ただし、声を出して呼ぶとお店の雰囲気を壊しかねません。決して騒がずに落ち着いてアイコンタクトで伝えるようにします。スタッフが気づかないときは、周囲に気遣いしながら、スタッフの元へ伝えに行きましょう。

★★★
ナイフやフォークを床に落としてしまった！

食事中、ナイフやフォークなどのカトラリーを落としてしまったとしても、自分で拾ってはいけません。これもマナー違反とみなされます。**お店のスタッフを呼んで取り替えてもらいましょう**。慌てた様子をみせないようにするのがスマートです。

★★★

どうしても食べられない料理が出てきてしまった！

苦手なものは前もって伝えておくのがベストですが、常にそれができるとは限りません。

どうしても食べられないときは、正直に「ごめんなさい。苦手な食材なのです……」と伝えて残させてもらいましょう。

懐紙やハンカチなどでそっと包んでもいいですが、包む程度の量を超えている場合、お店のスタッフに可否を確認したうえでもち帰らせてもらう方法もあります。

★★★

トイレが我慢できない！

食事中にトイレに行くのはタブーです。事前に済ませておきましょう。

とはいえ、どうしても我慢できなくなってしまうこともあります。そのときは「ちょっと失礼します」と周囲に声をかけて席をはずしてください。戻ったときにも「失礼しました」と声をかけます。

タイミングは、よほど緊急事態でない限り、1つの料理を食べ終わったときがベターです。デザートの前ならなおよいでしょう。

★★★

タバコが吸いたくてたまらない！

最近、全面禁煙のお店が増えています。それなりの格式のお店では、タバコは吸えないものと考えましょう。

喫煙可のお店であっても、タバコは控えたほうが無難ですが、どうしても我慢できないなら、お店のスタッフに喫煙コーナーを尋ねて静かに席をはずしましょう。

★★★

食べ物が歯に挟まってしまった！

食べ物が歯に挟まってしまったら、爪楊枝でとってください。テーブルに置いていない店でも、店員に頼めば用意してもらえます。ただしその場で使わず、**化粧室などに移動してとりましょう。**

★★★

風邪で鼻水が止まらない！

食事中に鼻をすするのは、周囲の人に不快感を与えます。外国では特に嫌われる行為です。食事中に鼻をすすったり、かんだりする行為はできるだけ慎みましょう。

風邪や花粉症でどうしても鼻水が止まらないなら、周囲に「少し失礼します」と声をかけ、化粧室などに移動してかむようにします。

うっかり、あくび、くしゃみ、おならをしてしまった！

あくび、くしゃみ、しゃっくり、おなら、どれも生理現象なので、いくら気をつけていても、出てしまうことはあります。そのときはとにかく素直に「失礼しました」と謝りましょう。

あくびやくしゃみ、しゃっくりなどは、もし間に合えば、自分のハンカチ、ナプキンなどで押さえ、口元を見せないようにしましょう。この場合も、必ず謝ることを忘れずに。

食事中だけど、どうしても電話をかけないといけない！

会食中には、スマートフォンや携帯電話は電源を切るか、マナーモードにしておくのがマナーです。

それでも、どうしても食事中に電話をかけなければならないときは、**同席者に一言声をかけたうえで、店外に出て短めに済ませましょう。**

相手から電話がかかってきた場合、どうしても出なければならないなら、かけ直す旨を先方に伝えて一度通話を切り、店外に移動してからかけ直しましょう。

食事中のマナー❷
周囲を気遣うコツ

撮影、食器の音に注意。勝手に料理をシェアするのはNG

★★★

料理の写真をとる前に、お店に許可を

ツイッターやインスタグラムなどに、料理の写真を載せる人が増えています。飲食店で料理が運ばれてくると、それをすかさずスマートフォンのカメラで撮影しＳＮＳに投稿、「いいね」をもらって悦に入ります。

そんな行為をお店側はどう考えているのでしょうか。

宣伝になると歓迎しているお店がある一方、遠慮してもらいたいというお店も少なくありません。同席者にしても、せっかく食事を楽しもうとしているのに、写真にばかり熱心な人を快く思わないでしょう。

写真を撮る前にお店に一言断りを入れること。

ですから、**撮影するなら事前にお店のスタッフに「撮影してもいいですか？」と尋ねるようにしてください**。

そして許可をもらえたとしても、その場の雰囲気を壊さないよう十分に配慮しましょう。

★★★ 食器のカチャカチャ音に注意する

食事中、やたらカチャカチャカチャと音を立てる人がいます。欧米では、**音を立てて食事をするのはマナー違反**です。

音が出る大きな原因は、カトラリーや器を乱暴に扱うから。動きを少し遅くするだけで、音はかなり抑えられます。しかも、動きに品が出て一石二鳥です。慌ただしく食事をしてもいいことはありません。落ち着いて食事を楽しみましょう。

★★★ "クチャラー"は大ひんしゅく

カトラリーのカチャカチャ音とともに迷惑なのが、クチャクチャと音を立てながら嚙む"クチャラー"です。本人はわかっていないことが多いのですが、周囲を大変不快な気持ちにさせています。

口を閉じて嚙むことで、クチャクチャ音は抑えることができます。他人は指摘しづらいことなので、一度自分の食べ方を客観視してみましょう。

食べながらのおしゃべりにも注意が必要です。噛む音が聞こえるだけでなく、口の中の食べ物まで見えてしまい、ひんしゅくを買います。

★★★

だらしない姿勢を正そう

食事中は背筋を伸ばしましょう。**背中を丸めたり、足を組んだり、テーブルに肘をつくといった姿勢は、すべてマナー違反**です。ふんぞり返るのもいけません。

背筋を伸ばしていても、食べるときに背中を丸めて口を皿に近づけるのは美しくありません。

何も食べていないときの手は、膝の上かテーブルの上に置きましょう。

★★★

調味料はすぐにかけないで！

料理を食べる前に調味料をかけるのは失礼にあたります。プロの料理人が出してくれているのですから、塩やコショウを足すにしても、せめて何口か食べてからにしましょう。

また、訪問先の個人宅で出された料理に追加の調味料をリクエストするのは、絶対にやめましょう。つくってくれた人に対して、とても失礼です。

★★★ 料理をシェアしたいときはお店に確認してから

複数人で料理をシェアして食べることがありますが、実はこれは考えものです。カジュアルなレストランならあらかじめシェア用の小皿を用意してくれたりするでしょう。でも、シェアを想定していないお店も少なくありません。

フォーマルなフレンチレストランでは、シェアはマナー違反。どうしてもシェアしたいときは、お店のスタッフに確認をとってからにしましょう。

★★★ 料理のもち帰りはマナー違反？

食べきれなかった料理をもち帰ることは、必ずしも悪いことではありません。実際、アメリカのレストランでは一般的に行われています。

でも、ドイツやフランスではしたない行為とされています。もち帰りがマナー違反のお店もあるのです。

ただし最近は、フランスでももち帰り用のドギーバッグを導入し始めるなど、事情が変わってきているようです。もち帰りたい場合は、お店のスタッフに確認してみましょう。

PART

4

会食のマナー 2
料理別の食べ方

- □ フレンチ
- □ イタリアン
- □ 中華料理
- □ 和食

スパゲッティの食べ方

★★★

スプーンは使わずにフォークだけで食べる

イタリア料理の中でも特に日本人に好まれるパスタには、団子状のニョッキ、ひき肉などを詰めたラビオリ、貝の形をしたコンキリエなどさまざまな種類がありま す。最もなじみがあるのは、やはりスパゲッティでしょう。

スパゲッティを食べるとき、スプーンを使うのは正しい食べ方ではありません。**イタリアでスプーンを使ってスパゲッティを食べるのは子どもだけ。**大人はフォークだけで食べるのです。

フォークだけで上手に食べるコツは**一度にたくさんとらないこと。**少量をとり、皿の隅の丸みを利用してクルクル巻きつけると、きれいにとれます。一口分を巻きつけられれば、きれいに口に運べます。ズルズルすすったり、途中で噛み切るといったマナー違反を避けることもできるので、ぜひマスターしましょう。

point

- ○フォークだけで食べる
- ○少量をとり、皿の隅を利用して巻きつける
- ○すすったり噛み切ったりしない

1 一口で食べられる分をとり、皿の隅を使って巻きつける。

▼

2 具はフォークで刺して食べる。

NG スプーンは使わない。

NG 麺を途中で噛み切らない。すするのもNG。

ステーキの食べ方

★★★
左側から斜めに切りながら食べる

ステーキを食べるとき、最初に全部切り分ける人がいます。でも、それでは旨味を含んだ肉汁が流れ出てしまいますし、せっかくの焼き立てが冷めてしまい、正しい食べ方とはいえません。**左端から一口ずつ切って食べていく**のが基本です。

ステーキを切るときのポイントは、垂直方向ではなく斜めに切ることです。

縦や横に切ろうとすると切りにくい上、姿勢が強張ってしまいます。その点、斜めにナイフを入れれば肉の繊維が切りやすく、美しい姿勢を保つこともできます。肉をなかなか切ることができない場合は、フォークでしっかり押さえ、ナイフを引くときに軽く力を入れてみてください。

また、付け合わせの野菜もときどき口にして、バランスよく食べましょう。肉だけ先に食べてしまうと見た目にもよくありません。

point

- ○左端から一口ずつ切って食べる
- ○斜めに切ると切りやすい
- ○ナイフを引くときに力を入れる

1　肉の左端から切り始める。

▼

2　一口ずつ切って食べていく。

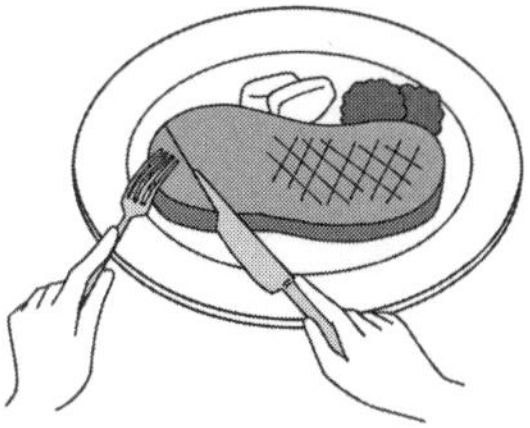

▼

3　付け合わせの野菜を途中で食べる。

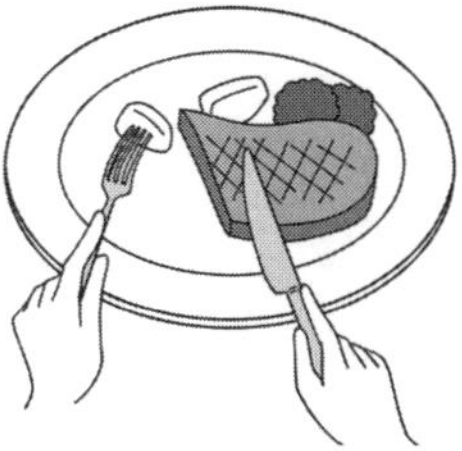

最初に全部切ってしまわない。

ムニエルの食べ方

★★★
身を裏返すのはマナー違反！


　ムニエルは塩・コショウした魚に小麦粉をまぶしつけ、バターなどでソテーした料理。一尾丸ごと出されることも多く、難易度の高い料理といえるでしょう。

　まずヒレをすべてとり外し、エラのあたりにナイフで切り込みを入れます。次に頭から中骨に沿って尾まで切れ目を入れ、上身の下半分を皿の手前に移して食べましょう。**下半分を食べ終わったら、上身の上半分も同じように骨からはずして食べます。**

　次は下側の身に移りますが、このとき、**魚を裏返してはいけません。**骨は頭のつけ根をフォークで押さえ、ナイフを下にくぐらせて外します。そして骨を皿の奥に置き、下身の下半分を食べ、続けて上半分を食べます。

　崩れた身はフォークに乗せて食べても大丈夫。頭や骨は散らかったままにせず、皿の隅に寄せておきましょう。

point
○中骨に沿って切れ目を入れる
○裏返すのはマナー違反
○頭や骨は皿の奥にまとめておく

1　ヒレを外して、エラのあたりに切り込みを入れる。

▼

2　中骨に沿って上身の上下を切り分け、下半分を食べる。

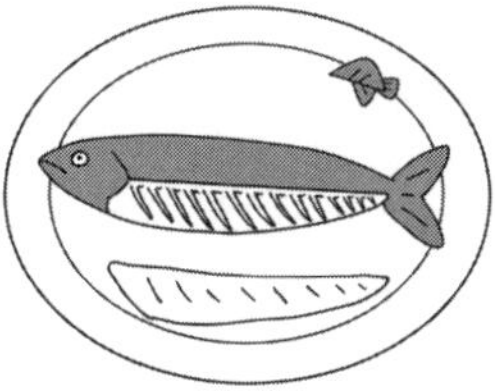

▼

3　上身の上半分も同じようにして食べる。

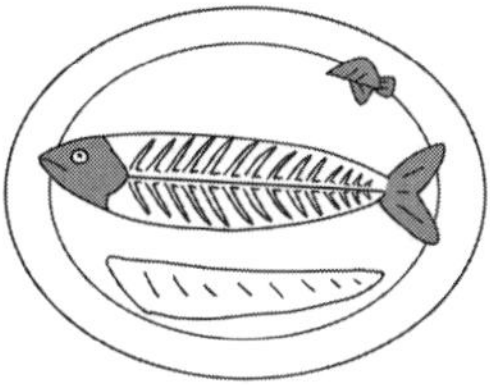

▼

4　中骨を外し、下半分、上半分の順に食べる。

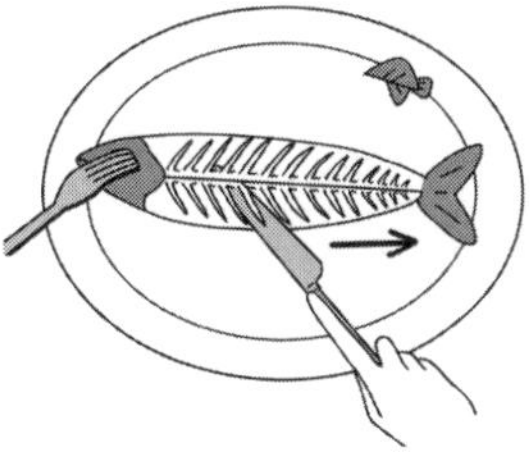

ロブスターの食べ方

★★★
頭と胴体を切り離してから身をとり出して食べる

ロブスター（オマールエビ）のグリルは、一匹丸ごと焼かれて出てくる食べにくそうな料理です。上手に食べるためには、手順をきちんと押さえておかなければいけません。

まず、手ではなくフォークで頭を押さえて胴体との境にナイフを入れ、頭と胴体を切り離します。

次に、殻と身の間にナイフを入れます。ナイフを頭のほうから尾のほうに向けて動かしながら切り進め、殻から身をとります。とった身は皿の手前に移します。

なお、**このとき殻の上で切り分けるのはマナー違反**になるので気をつけましょう。

身は左端から切り分けて食べます。ステーキなどを食べるときと同じ要領です。

食べ終えたら、殻を1つにまとめておくときれいです。

point
- ○殻と身の間にナイフを入れる
- ○頭と胴体を切り離してから身をとり出す
- ○殻の上では身を切らない

1　頭と胴体を切り離す。

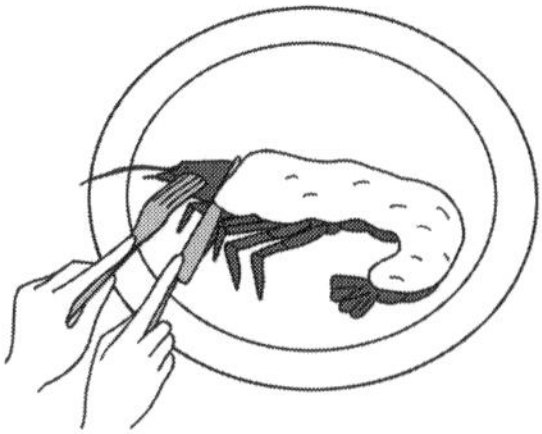

▼

2　殻と身の間にナイフを入れ、身をとり出す。

▼

3　身を手前に移し、左端から右へと食べ進める。

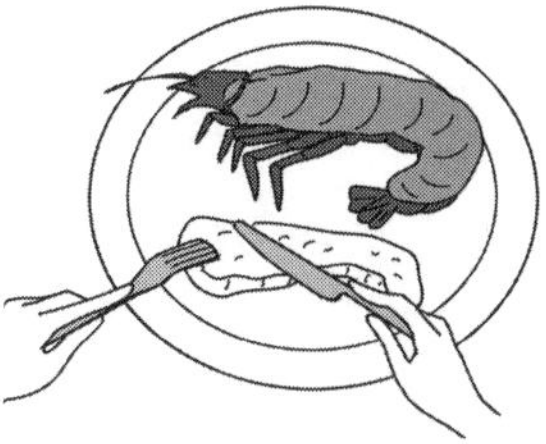

▼

4　殻を1つにまとめておく。

フライドエッグの食べ方

★★★

皿を黄身で汚さないようにするのがポイント

フライドエッグとは、いわゆる目玉焼きのことです。ふだんは箸で食べていたとしても、**ホテルのレストランの朝食などではナイフとフォークで食べます。**

ポイントは黄身で皿を汚さないこと。最初に黄身の表面にナイフを入れ、黄身を流出させたら、白身を左端から一口サイズに切り、黄身をディップのようにつけて食べ進めます。途中で黄身が皿に流れ出てしまったら、白身かちぎったパンでぬぐって食べましょう。

最後まで残った黄身の部分は、フォークで刺して食べ終えます。

ホテルのレストランでは、ボイルドエッグ（ゆでたまご）がエッグスタンドに載った状態で出てくることもよくあります。

これはスプーンで叩いて殻の上部を割り、中身をすくって食べるのが基本です。

point

- ○皿を黄身で汚さないように食べる
- ○白身は左端から切る
- ○黄身を白身につけながら食べる
- ○流れ出た黄身は白身かちぎったパンでぬぐう

フライドエッグの場合

1　黄身の表面にナイフを少し入れる。

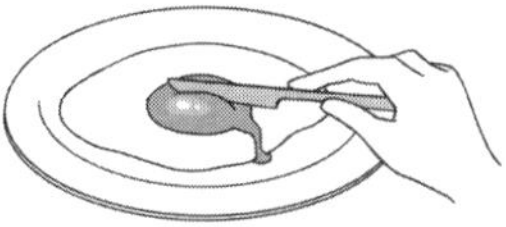

▼

2　白身の左端をナイフで切る。

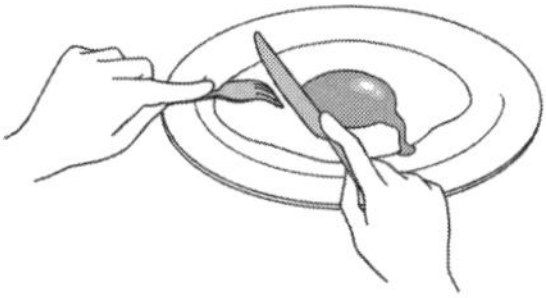

▼

3　白身を流れ出た黄身につけて食べる。

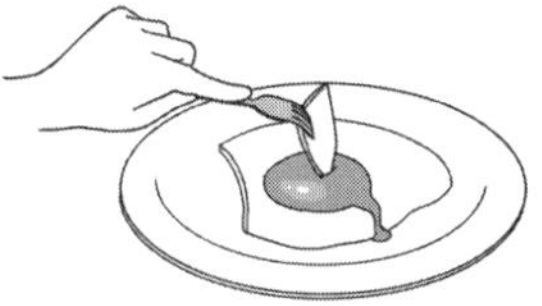

ボイルドエッグの場合

スプーンで殻を割り、中身をすくって食べる。

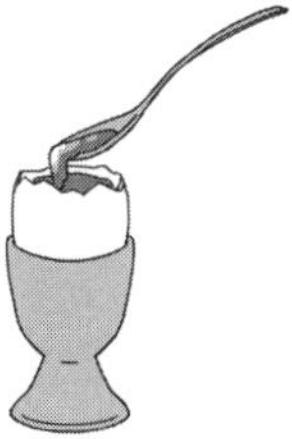

ピザの食べ方

★★★
ナイフとフォークを使うのが正しい食べ方？

カジュアルな店や専門店では、手で食べてかまいません。厚い生地のピザなら両端をもってやや丸めるように、薄い生地なら中央から巻くようにすると、具をこぼすことなく口に運べます。**フォーマルなレストランではナイフとフォークを使い、**中央側から巻き、一口大に切って食べましょう。

point
○カジュアルな店やピザ専門店では手で、フォーマルなレストランではナイフとフォークで食べる

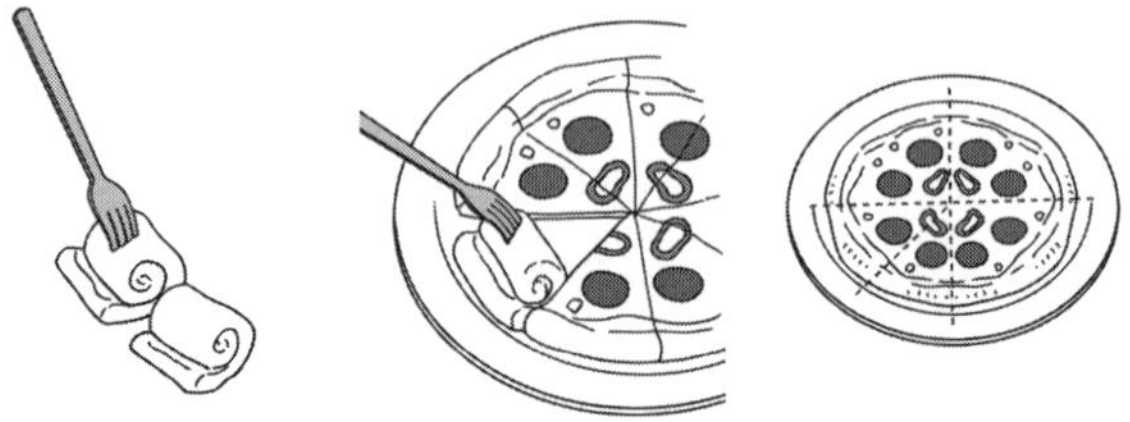

1
ナイフで4等分したピザの1枚を半分に切る。

2
中央側から外側にフォークで巻く。

3
巻いたピザを半分に切って食べる。

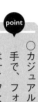

パエリアの食べ方

★★★

放射状にとり分けると具が均等に配分される

パエリアは本場スペインでは鍋から直接食べますが、日本では放射状に鍋からすくい、皿にとり分けて食べるのが一般的です。具が放射状に並んでいることが多いからです。

悩ましいのがムール貝の食べ方。**まず1つをフォークを使って食べ、その殻を使って次の貝の身をとり出して食べます。**

point

○放射状にとり分けて食べる

○ムール貝は殻を使って身をはずす

1

自分の側の三角形部分をとり分ける。

2

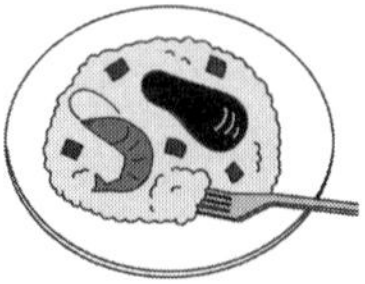

基本的にはフォークで食べる。

3

ムール貝は食べ終えた殻でとり出す。

チーズフォンデュの食べ方

★★★

パンを刺すのは耳側から

チーズフォンデュはパンや野菜を溶けたチーズに絡めて食べるスイスの定番料理。具材をチーズの中に落としてしまうのが心配ですが、**パンは耳側から刺すと、フォークから抜けにくくなります。**

また、具材を刺したフォークをまわしながらもち上げると、チーズをたらさずに食べられます。

point

○柔らかい具材を落とさない
○パンは耳側からフォークで刺す
○フォークを回しチーズを巻きとる

1

具材を鍋に入れ、チーズを絡める。

2

フォークを回転させてチーズを巻きとりながらもち上げる。

3

好みにより、コショウをつけて食べる。

骨つき肉の食べ方

★★★
かぶりつかず、ナイフで肉と骨を切り離す

骨つき肉はいきなり手にもってかぶりついてはいけません。最初はナイフとフォークで肉と骨を切り離し、一口分ずつ切って食べます。フォークで肉を固定して**骨と肉の間にナイフの先を入れ、骨に沿って動かす**と上手に切れます。骨まわりに残った肉は、手を使って食べても問題ありません。

point
○骨と肉を切り離して食べる
○ナイフは骨に沿って入れる
○骨に残った肉は手を使って食べる

1 ◀ 2 ◀ 3

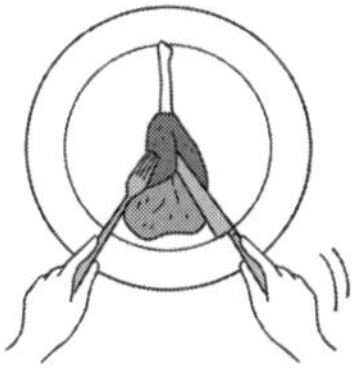
肉と骨を切り分ける。

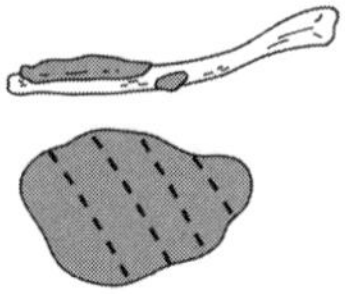
切り離した肉を一口分ずつ切る。

骨に残った肉は手を使って食べる。

エスカルゴの食べ方

★★★
トングの使い方がきれいに食べるポイント

フランス料理の前菜、エスカルゴは、専用のトングとフォークを使って身をとり出して食べます。トングで殻を挟んで固定したら**身にフォークを刺し、殻の巻きと同じ方向にひねります。**こうすると身をきれいにとり出すことができます。**殻に残った汁は直接飲まず、パンにつけて味わいましょう。**

point
○専用トングとフォークを使う
○フォークは殻の巻きと同じ方向にひねる

1

専用のトングとフォークを使う。

2

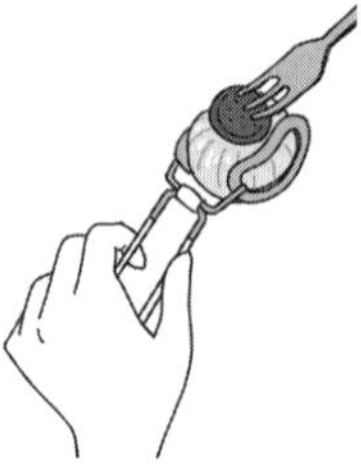

トングで殻を挟み、フォークで身をひねりながらとり出す。

3

殻の中の汁はパンにつけて食べる。

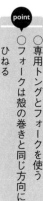

生牡蠣《なまがき》の食べ方

殻の底の貝柱を切ると きれいに身を食べられる

生牡蠣は殻つきの状態で出されることが多く、身のはずし方が上手に食べるポイントです。左手で殻をもち、**右手のフォークで底についている貝柱を切る**のです。その後、ソースやレモン汁をかけ、フォークに刺して一口で食べます。残った汁は殻に口を軽くつけてすっと流し込みましょう。

point

- ○左手で殻をもち、右手のフォークで貝柱を切る
- ○ナイフで切らず一口で食べる

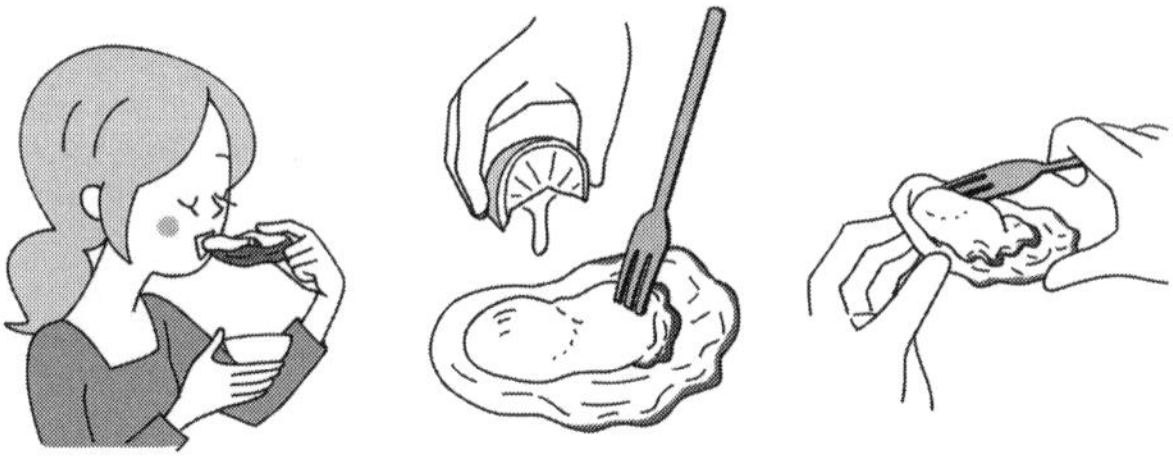

1 殻をもち、フォークで貝柱を切る。

2 ソースやレモン汁をかけ、フォークで身を食べる。

3 殻に直接口をつけて残った汁を飲む。

パイシチューの食べ方

★★★
真ん中から少しずつパイを崩す

器の表面がパイ皮で覆われたパイシチューは、食べ方に迷う料理の1つです。

基本的にはサクサクした**パイ皮の中央を崩し、パイ皮をシチューに浸して食べます**。パイのサクサク感を味わいたい場合は、手でパイを大きめにちぎり、シチューをすくって食べてもいいでしょう。

point
- ○パイ皮を崩し、シチューに浸して食べる
- ○パイ皮は中央から端へと崩す

1

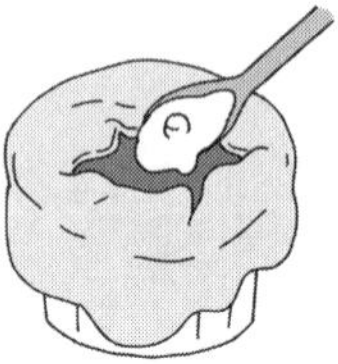

パイ皮を崩し、シチューに浸す。

2

端に残ったパイ皮は手で外してOK。

3

パイ皮を大きくちぎり、すくって食べてもOK。

バーニャカウダの食べ方

★★★

ソースに2度づけするときは周囲に気をつかう

バーニャカウダはイタリアの鍋料理。小鍋で温めたソースにスティック野菜をつけて食べます。

野菜はフォークで刺しても手で扱ってもOKですが、一度食べたものをソースに2度づけするのは控えたいところ。2度づけするなら、口をつけた部分をナイフで切るなど同席者に配慮しましょう。

point

○野菜をソースにつけて食べる
○野菜はフォークを使っても手でもって食べても問題なし

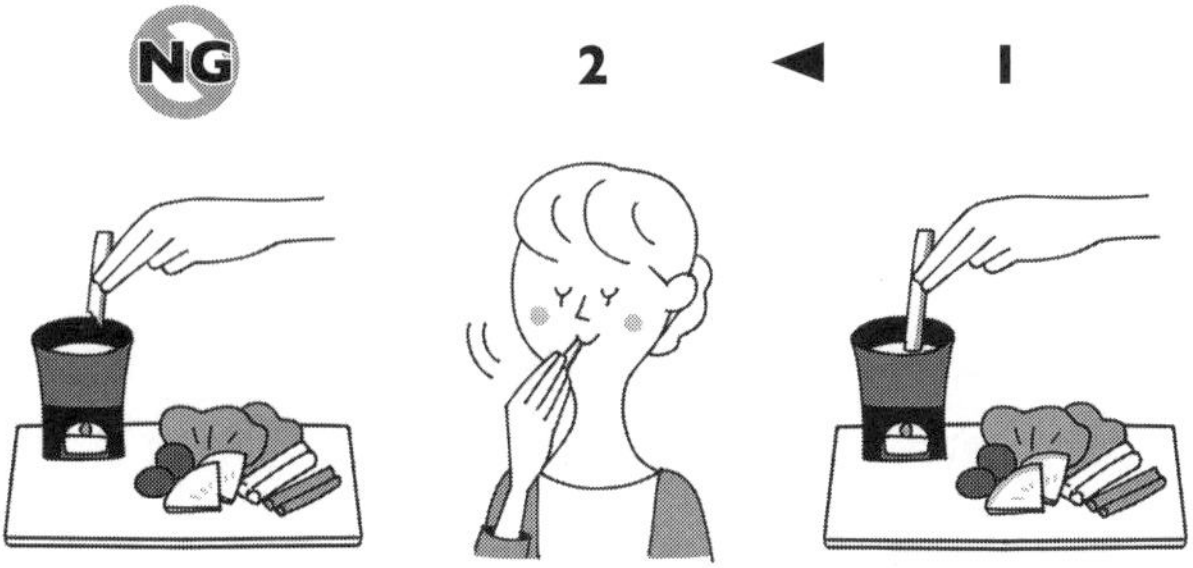

1 野菜スティックをソースにつける。

2 温かいうちに食べる。

NG 口にした部分を2度づけしない。

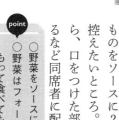

生ハムメロンの食べ方

★★★
切りにくくても別々に食べてはダメ！

生ハムメロンは、生ハムをメロンの上に載せた生ハムメロンは、**生ハムとメロンを一緒に食べておいしさを味わう**料理です。

まず生ハムとメロンを別々にし、生ハムを一口大に切ります。メロンも同じように切ったら、その上にもう一度生ハムを載せ、一緒に味わうようにします。

point
○生ハムとメロンを別々に食べない
○最初に生ハム、次にメロンを切り、生ハムをメロンに載せる

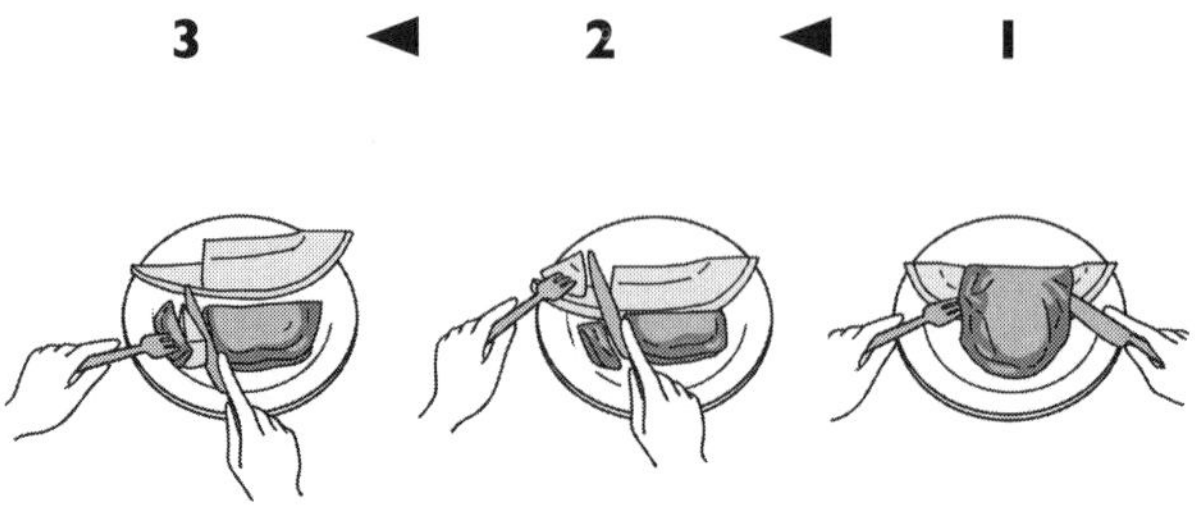

1 生ハムをメロンから外し、一口大に切る。

2 メロンも一口大に切る。

3 生ハムを再びメロンに載せて食べる。

北京ダックの食べ方

★★★
アヒルの皮がメインの贅沢な料理

北京ダックはアヒルを丸焼きにした、皮がメインの料理です。薄餅にタレを塗り、野菜や香ばしく焼かれた皮を載せます。

食べ方のポイントは、**具材を薄餅の上の方に少なめに載せることです。**さらに、薄餅を下図のように折れば中身をこぼさず食べられます。

point
○具材は少なめに載せる
○薄餅の下の部分から折り曲げる
○通常、余った肉は食べない

1 ◀ 2 ◀ 3

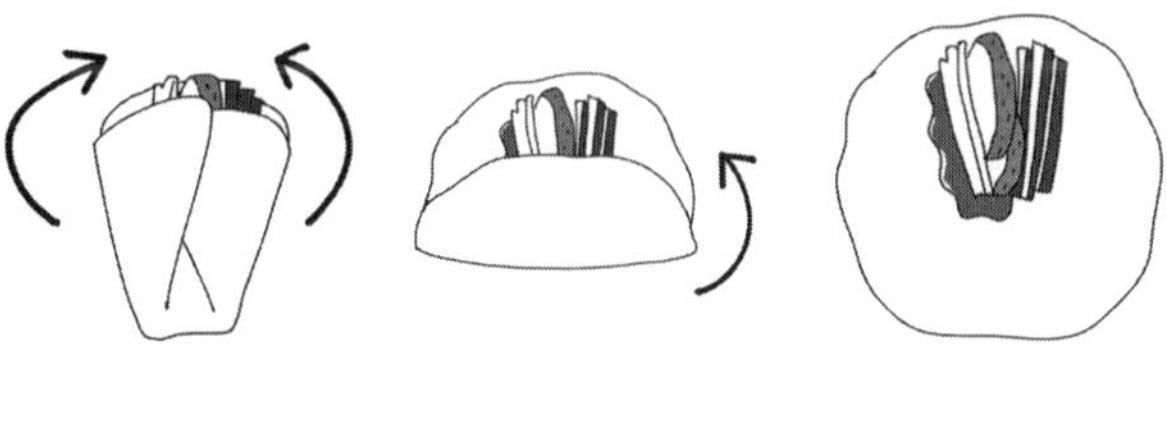

1 薄餅にタレを塗り、具材を載せる。

2 薄餅の下の部分を上に折り曲げる。

3 薄餅の左右を折り曲げ、丸く包む。

小籠包《しょうろんぽう》の食べ方

★★★

最初は肉汁を味わい、その後で皮と身を食べる

小籠包は、モチモチの皮に熱々の挽肉と肉汁を閉じ込めた点心の1つ。肉汁が醍醐味なので、こぼさずに飲み干したいものです。

まず**小籠包をレンゲに載せ、その上で皮を破ります**。肉汁が流れ出てくるので、レンゲを受け皿にして飲みましょう。飲み終えたら小籠包にタレをつけて食べます。

point

○蒸籠《せいろ》の中で皮を破ってはいけない
○レンゲを受け皿のように使う
○肉汁を飲んでから小籠包を食べる

1

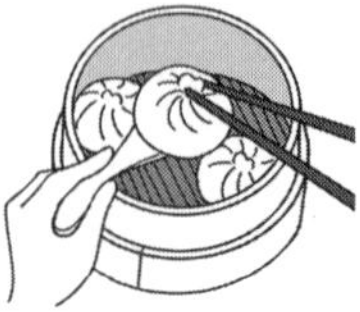

蒸籠《せいろ》の中の小籠包を箸でつまんでレンゲに載せる。

2

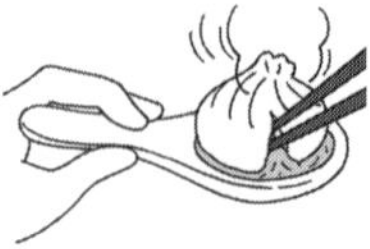

レンゲの上で皮を破り、肉汁を飲む。

3

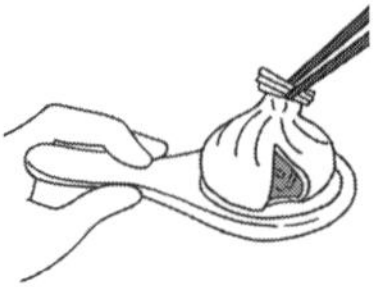

皮にタレをつけて食べる。

石焼ビビンバの食べ方

★★★

おこげをつくって香ばしさを味わう

ビビンバとは「混ぜご飯」を意味します。その名のとおり、石焼ビビンバはよくかき混ぜて食べる韓国料理です。

スプーンを使い、ご飯と具が均一に絡むまで混ぜます。**ポイントはご飯を器に押しつけるようにすること。**こうすると香ばしいおこげを楽しむことができます。

point
- ○スプーンでよくかき混ぜる
- ○ご飯を押しつけておこげをつくる
- ○スープをかけて食べてもOK

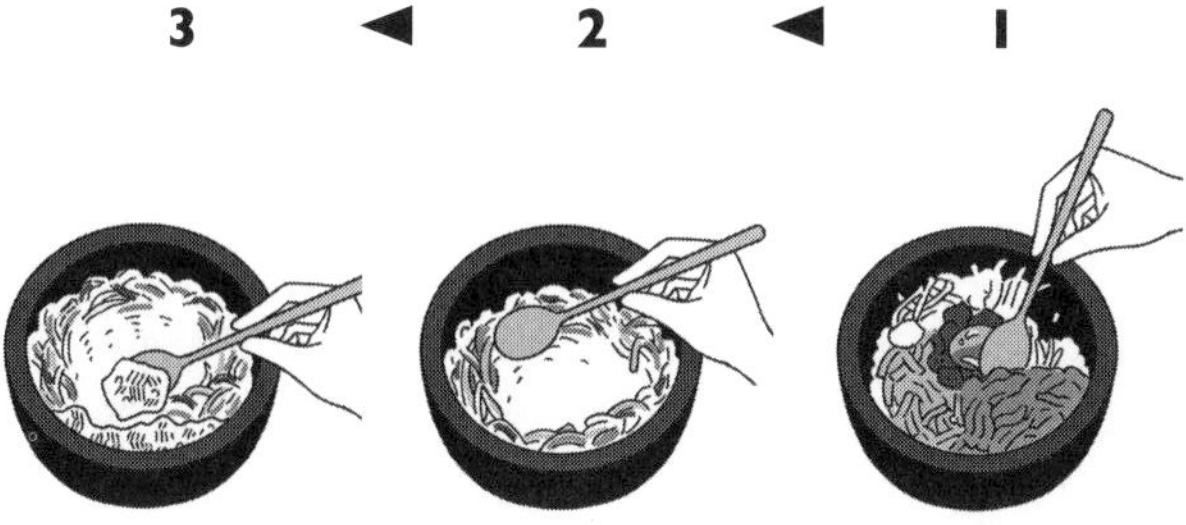

1 全体が均一に絡むまでかき混ぜる。

2 ご飯を器に押しつける。

3 おこげをはがして食べる。

カレーの食べ方

★★★

ライスをルーに寄せながら食べ進める

インド料理としても洋食としても人気のカレー。カレーライスは、ライスをルーに寄せながら食べ進めると、皿がきれいな状態で食べ終えることができます。

ナンは手でちぎり、カレーをすくうようにして食べます。インドでは左手を不浄《ふじょう》とみなすため、右手で食べるのがふつうです。

point
○ライスはルーに寄せながら食べ進める
○ちぎったナンでカレーをすくう

ナンの場合

2 ◀ 1

ナンでカレーをすくうように食べる。

ナンは適当なサイズにちぎって折る。

ライスの場合

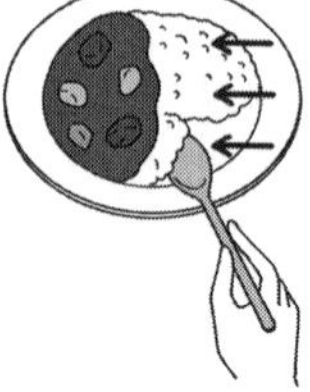

ライスをルーに寄せて食べ進める。

春巻の食べ方

★★★
かぶりつくように
食べるのは品がない

春巻はかじったほうが具をこぼさずに食べられますが、直接かじるのは品のいい食べ方とはいえません。

品よく見せるには、片手で押さえながら**箸で一口大に割り、切ったほうをタレにつけて食べます。**具がとても熱いこともあるので気をつけましょう。

point
- ○直接かじるのはNG
- ○一口大に切ってタレで食べる
- ○上から箸を当てると割りやすい

1

片手で押さえながら箸で割る。

◀ 2

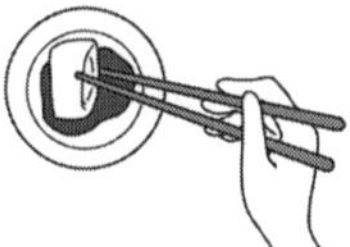

切ったほうをタレにつける。

NG

直接かぶりつく。

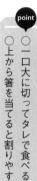

焼肉の食べ方

★★★
あっさり↓濃い味の肉へと焼き進める

老若男女に人気のある焼肉。網の上で焼いた肉を食べるシンプルな料理なので、特に難しいルールはありません。でも、焼く順番や焼き方を覚えておくと、よりおいしく食べることができます。

焼肉を食べるうえで最も重要なのは焼く順番です。これは「あっさりした肉から濃い味の肉へ」と覚えておいてください。まず網を塩味のエリアとタレのエリアに分けます。そして**最初はタン塩や塩カルビなどから**食べ始め、**カルビやハラミなどの醤油ダレものを経て、最後はこってりした味噌ダレのホルモン系で締めます。**

焼き方のコツは、一度にたくさん焼かないこと。人数と全体のペースをみながら、ちょうどいい焼け具合で食べられる分を焼いていきます。強火でさっと焼き、1回ひっくり返して食べ頃にするのが上手な焼き方です。

point
○あっさりした肉から濃い味の肉へ
○食べられる分だけ焼く
○強火でさっと焼き、ひっくり返すのは1回にする

1　網の上下で焼く肉を分ける。

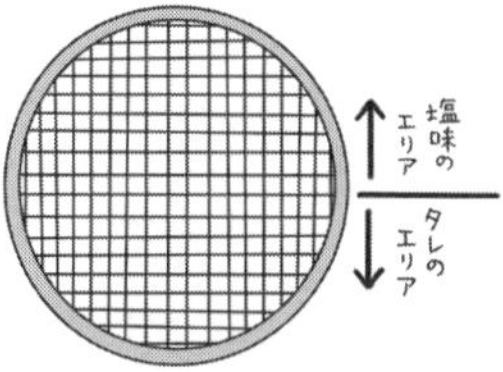

▼

2　塩味の肉を焼く。

▼

3　醤油ダレの肉を焼く。

▼

4　味噌ダレのホルモン系などを焼く。

寿司の食べ方

★★★

いきなりマグロではなく、白身や貝類から食べる

寿司屋では、おまかせで頼むこともできますが、カウンターで好きなものを注文する場合は、「**淡白から濃厚の原則**」に従うようにしましょう。

つまり、最初は白身・貝類などの淡泊なネタから食べ始め、次にマグロやカツオなどの赤身・光りものを経て、ウニやイクラ、アナゴといった濃い味のネタへと食べ進め、最後は巻き物や玉子焼きで締めるのです。

白身・貝類……ヒラメ（エンガワ）、カンパチ、シラウオ、アワビ、ツブ貝、ホタテなど

赤身・光りもの……マグロ、カツオ、アジ、イワシ、ブリ、ハマチ、サンマなど

濃い味のもの……ウニ、イクラ、スジコ、アナゴなど

食べ方は箸でも手でもＯＫ。醤油のつけ方に気を配りましょう。

point

○淡泊なネタから濃い味のネタの順番で食べる
○箸を使わず手で食べてもＯＫ
○醤油はネタにつける

1 寿司の載っている寿司下駄は、一段高い場所に置いておく。

▼

2 手でつまんで食べる場合、親指、人差し指、中指の3本でつまむ。醤油はネタにつける。

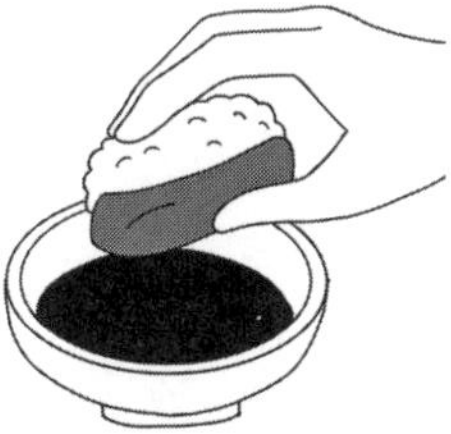

▼

3 箸で食べる場合、箸をネタ側とシャリ側に平行に当てて挟む。

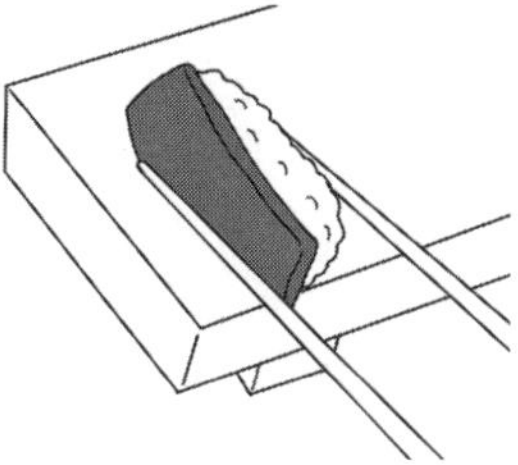

▼

4 食べ終わっても寿司下駄は同じ場所に置いておく。

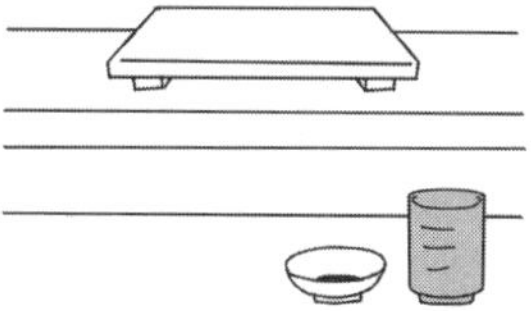

そばの食べ方

★★★
「ズルズルッ」と音を立てたほうが美味

パスタなどと異なり、**そばをすする音はマナー違反になりません**。むしろ「ズルズルッ」と音を立てて空気と一緒にすすったほうが、そばの香りが鼻に抜けておいしく感じられます。

ネギやわさびなどの薬味は一度に全部入れず、少しずつ足して変化を楽しみます。そば猪口は手でもって汁だれを防ぎましょう。

ざるそばは山盛りと平盛りがありますが、山盛りのざるそばは中央の頂から、平盛りは手前からつまみながら食べ進めると、絡まることなくきれいに食べられます。

最後に出てくるそば湯は、そばを茹でたお湯です。残ったつゆにそば湯を入れて薄め、そばの香りを楽しみつつ飲みます。

塩分のとりすぎが心配なら、そば湯だけをそのまま飲んでもかまいません。お店も、そば湯を飲んでくれるとうれしいのです。

point
○音を立てて食べる
○薬味は少しずつ入れる
○山盛りは頂から、平盛りは手前から1口分ずつ箸でとって食べる

山盛りの場合

中央の頂から少しずつつまむ。

平盛りの場合

手前から少しずつつまむ。

1 そばの下 1/3 をつゆにつけて食べる。

▼

2 つゆをそば湯で薄めて飲む。

天ぷらの食べ方

手前から食べ進めるのが、きれいにおいしく食べるコツ

日本料理の代表格で、外国人にも人気の高い天ぷらは、手前から順に食べることを想定して、薄味から濃い味のものへと並べられています。

したがって、カウンターで注文しながら食べる場合を除き、手前から奥へと食べ進めるようにしましょう。そうすると、最後までおいしく食べられるだけでなく、全体の形を崩すこともありません。

天つゆの入った小鉢は汁だれを防ぐために手でもち、そこに天ぷらをつけながら食べます。

塩で食べる場合は、天ぷらを直接つけるのではなく、指でふりかけるようにするとおいしく食べられます。

天つゆで食べる場合も塩で食べる場合も、揚げたてを熱いうちに食べるのがおいしくいただく何よりの秘訣です。

なお、残った魚の骨や尾は器の隅にまとめておくときれいです。

point

- ○左手前から順に食べていく
- ○揚げたてを熱いうちに食べる
- ○魚の骨やエビの尾はまとめる

1　盛りつけは手前から奥へと食べ進める。

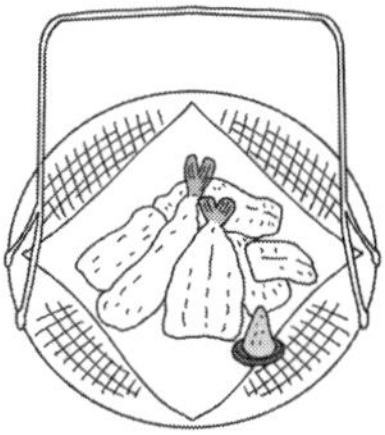

▼

2　天つゆに天ぷらを軽くつける。

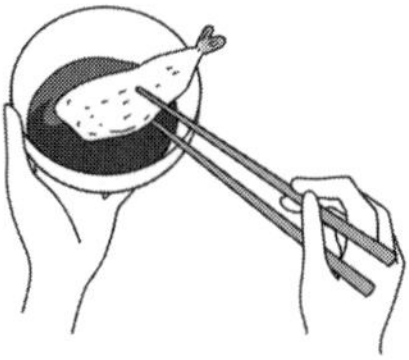

▼

3　塩は指で全体にふりかける。

▼

4　魚の尾などは器の隅にまとめておく。

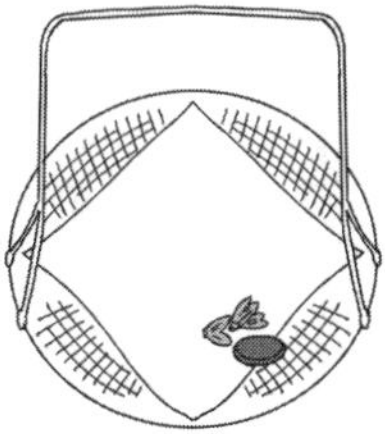

カニの食べ方

★★★
専用ピックや手を使ってきれいに食べる

殻つきのカニが出てくると慌ててしまう、という人は多いのではないでしょうか。確かにカニの食べ方は少々面倒ですが、手順を覚えてしまえば大丈夫です。

ズワイガニの場合、食べやすいように脚や爪に包丁で切れ目が入れてありますので、専用ピックや箸で身をかき出しましょう。殻や関節は、手で割ってかまいません。

とり出した**身は一度とり皿に置き、汚れた手をおしぼりや懐紙できれいにしてから箸で食べます。**

毛ガニの場合、まず甲羅を手で外し、中のガニ（ひだ状のエラ）を箸できれいにとり除きます。そして甲羅の中に詰まったカニ味噌や背肉を楽しみます。足の付け根に詰まった身も食べましょう。

食べ終わった後は、たくさん残った殻をひとまとめにし、上に甲羅をかぶせておくと見た目もスッキリします。

point
- ○切れ目から身をかき出す
- ○殻は手を使って割ってもいい
- ○とり出した身は箸で食べる
- ○最後は殻をまとめ甲羅をかぶせる

ズワイガニの場合

1　専用ピックなどで切れ目から身をかき出す。

▼

2　殻や関節は手で割って身をとり出す。

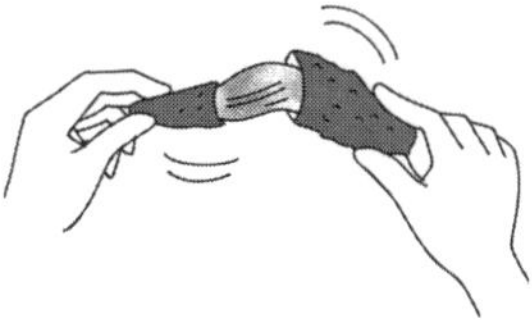

毛ガニの場合

1　甲羅の中のガニをとり除く。

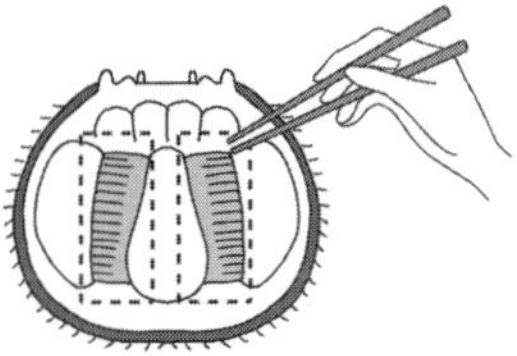

▼

2　カニ味噌や背肉を食べる。足の付け根の身もいただく。

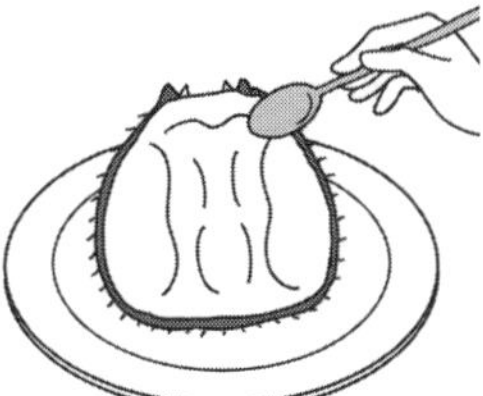

エビの食べ方

★★★
殻を剥くのは手で、食べるのは箸で！

尾頭つきのエビは、箸より手を使ったほうが上手に、しかもきれいに扱えます。頭を外した後、胴の殻を剥いていきます。尾はつけたままでかまいません。

そして**殻を手で剥き終えたら、エビを皿に置いて指をふき、箸でいただきます。**

point

- ○手を使って頭を外す
- ○殻は腹から背のほうに剥いていく
- ○外した頭や殻は皿の隅にまとめる
- ○手づかみで食べるのはマナー違反

1

エビを手にもち、頭を外す。

2

胴の殻を剥く。

3

指をふいてから箸で食べる。

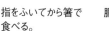

サザエの食べ方

★★★
竹串を刺す位置が正しければきれいに身がとれる

サザエの身を殻からとり出すためには、コツが必要です。
　ふたの渦巻き模様の終わりに竹串を刺し、奥まで押し込むと殻の中の貝柱がはがれるので、**竹串を左、殻を右にまわして身をとり出してください。**竹串も殻もゆっくりまわすのがポイントです。

point
○竹串を刺す位置に注意
○竹串と殻をゆっくり回転させる
○身はお皿に置き、箸で食べる

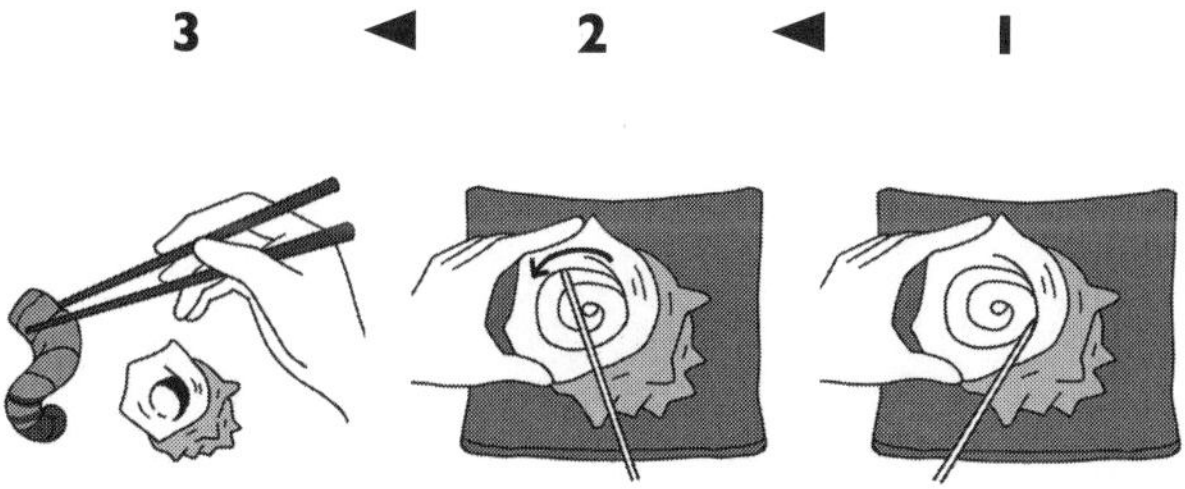

1 渦巻き模様の終わりに竹串を刺す。

2 竹串を左、殻を右にまわす。

3 竹串を抜いて皿に置き、箸で食べる。

うな重の食べ方

★★★
最後の一粒まできれいに食べる

うな重のふたは、開けたら裏返した状態で器のむこうか自分の右側に置きます。お重の底にまわして重ねてはいけません。

お重の前に、お吸い物に箸をつけましょう。うなぎに山椒をかけ、**左側の手前から**食べていきます。最後はご飯粒を箸で隅に寄せ、きれいに食べ終えます。

point
- ○お重の前にお吸い物をいただく
- ○お重は左手前から食べる
- ○うなぎだけ先に食べない

3 ◀ 2 ◀ 1

1 ふたをとり、裏返したまま器のむこうか右側に置く。

2 左手前から右手奥へと食べ進める。

3 最後の一粒まで食べる。食べ終わったら、ふたをする。

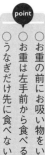

松茸の土瓶蒸しの食べ方

★★★
松茸を食べるのは汁を飲んだ後で

土瓶蒸しは松茸の香りが最大の楽しみですが、汁を飲むだけでなく、具を食べてもOKです。

まずは汁を杯に注いで松茸の芳醇な香りを堪能し、**汁を飲んだ後、スダチを搾ってふたをし、少し蒸らします。もう一度汁を味わってから具をいただきましょう。**

point

- ○最初は汁で松茸の香りを楽しむ
- ○開けたふたは裏返して土瓶の脇に
- ○具を食べるのは汁を飲んでから
- ○食べ終わったら土瓶は元の状態に

1

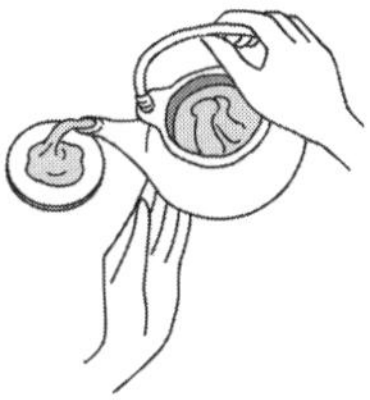

杯に注いだ汁を香りとともに楽しむ。

2

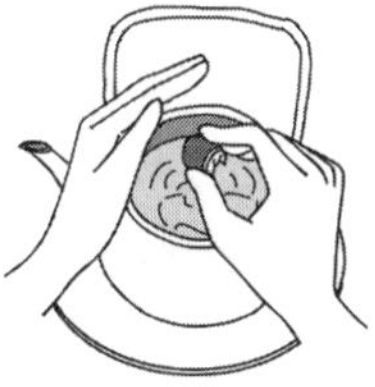

スダチを搾ってふたをし、少し蒸らす。

3

具は一度杯に載せてから食べる。

田楽の食べ方

★★★
手で串をもって食べるのはNG!

串に刺さった状態で出される豆腐の田楽。串を手にもつと食べやすそうですが、それではマナー違反になってしまいます。

正しくは**豆腐から串を抜き、一口サイズに切って食べます。**2つ以上ある場合は、端から手をつけ、**食べ終えてから次の串を抜く**ようにします。

point
○串をもってかじってはいけない
○豆腐に箸を刺すのもNG
○串を抜いて箸で切って食べる

1 ▶ 2 ▶ 3

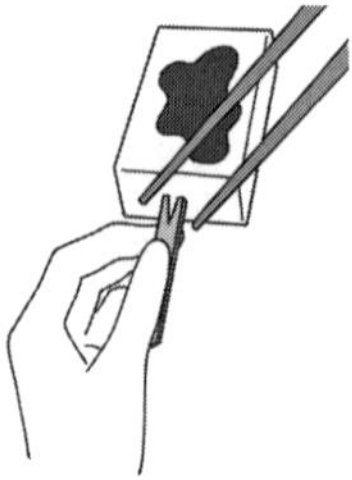

串を豆腐から抜く。

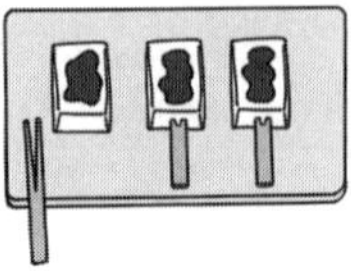

抜いた串を左手前に置く。

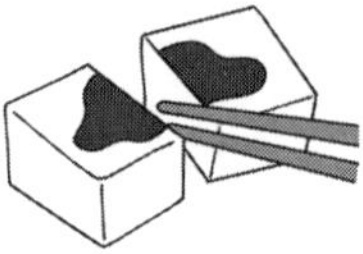

箸で豆腐を切って食べる。

鍋の食べ方

鍋を囲む全員に気を配り、失礼のないように

鍋料理を囲むと不思議と気持ちが打ち解けていくものです。ただし、いくら親しくても一度に大量に盛りつけたり、**直箸でとったり**、別の人が箸を入れているときに箸を加えるのは控えましょう。

上座の人からとる、具が足りなくなったら加える、アクとりをするなどの気配りも忘れずに。

point

- ○一度にたくさんとりすぎない
- ○直箸はせず、とり箸でとる
- ○鍋を囲む全員に気を配る

底の具をとるときにかき混ぜない。

直箸はしない。

とり皿を鍋に近づける。

デザート①ケーキの食べ方

★★★
ステーキと同じ要領で左側から切って食べ進める

食後の楽しみといえばデザート。味も見た目も楽しみつつ、きれいにいただきたいところです。

ケーキで食べるのが難しいのはタルトとミルフィーユです。

タルトはフルーツと一緒に食べます。三角形の尖った部分にフォークを刺し、一口大に切ります。力まかせではなく、**フォークを手前に寝かせたり、前後に軽く動かす**と切りやすくなるでしょう。

ミルフィーユはナイフとフォークを使って**横に倒し、左側から切り分けて食べ進めます。**立てたままより寝かせたほうが、きれいに切ることができます。

シュークリームも手づかみではなく、ナイフとフォークで食べます。まずふたの部分を外してクリームをつけて食べ、下の部分は一口大に切って食べます。

point
○ケーキもステーキと同じように左側から切って食べる
○切りにくい部分はナイフを立てるとうまくいく
○はみ出たクリームを皿に残さない

フルーツタルトの場合

1 三角形の先端にフォークを刺す。

▼

2 フォークを手前に寝かして切る。

ミルフィーユの場合

1 ナイフとフォークを使って横に倒す。

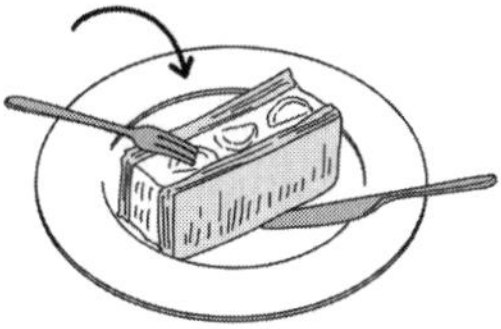

▼

2 左側から切って食べる。

デザート②フルーツの食べ方

★★★

残った皮や種の扱いもエレガントに

ケーキと並ぶデザートの定番がフルーツです。メロンやイチゴ、ブドウなどが多いでしょうか。

メロンは、果肉と皮の間に右側からナイフを入れます。3分の2ほどまで切れ目が入ったら、半回転させて残りの部分を切ります。左側から一口ずつ食べ進めます。

イチゴはフィンガーボールがついている場合、手でつまんで食べてOKです。ついていない場合はフォークで固定してヘタをとり、その部分を皿に当てて安定させ、2つに切って口に運びます。

ブドウも手を使って大丈夫。小粒のものなら皮ごと口に含みます。大粒のものは半分だけ皮を剥き、皮から実を押し出すようにして口に入れます。残った皮は、目立たないように口から手の中に移し、皿の端にまとめて置きましょう。スイカの種やサクランボの種の処理もこれと同じです。

point

○フルーツも一口大に切る
○すべりやすいので気をつける
○口から種や皮を出すときは口元を手で隠して出し、皿の隅へ

メロンの場合

1 右側から皮の間にナイフを入れて果肉を切る。半回転させて残りの部分を切る。

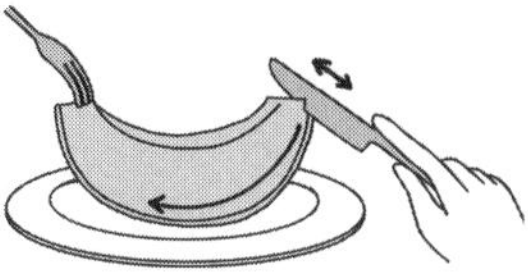

▼

2 左側から一口大に切って食べる。

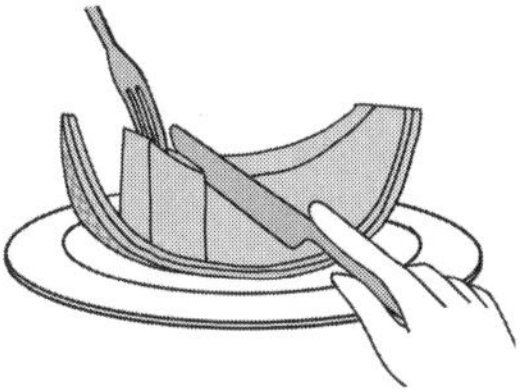

ブドウの場合

1 小粒のものなら皮ごと食べ、大粒のものは半分だけ皮を剥く。

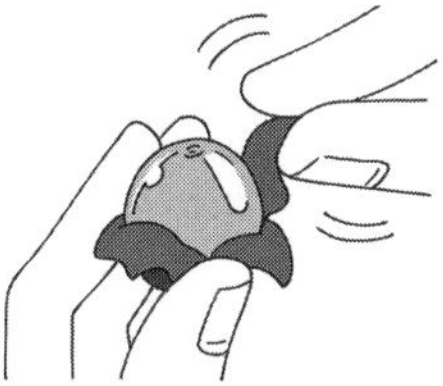

▼

2 皮から押し出すように口に入れ、残った皮は手を口にあてて隠しながら出す。

フレンチ・フルコースの食べ方

★★★

メインは魚料理の後に肉料理が登場する

コース料理を注文すると、何種類もの料理が次々と出てきます。どの料理にも意味があり、それを理解しておいたほうが楽しみも広がるというもの。どんな料理がどんな順序で登場するのか、まずフランス料理からみていきましょう。

そもそもフランス料理は、宮廷料理をルーツとする高級料理と、各地で育まれた郷土料理に分けられますが、一般的なフルコースは

---

①前菜、②スープ、③メイン（魚料理→肉料理）、④チーズ、⑤デザートの流れになっています。

①前菜（オードブル）

食欲を増進させるために食べる料理です。テリーヌ、キッシュなど、塩味や酸味の効いた料理が多く供されます。前菜の前に出るアミューズと呼ばれる軽いおつまみは、食前酒のお供として楽しみましょう。

②スープ

スープはメインの前に登場しま

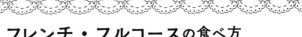

す。定番はコンソメ仕立てのものなどですが、季節の野菜のポタージュが出てくることも多いでしょう。

このときパンも出され、自由にお代わりすることができます。

③メイン

魚料理をポワソン、肉料理をヴィアンドといい、最初に消化のいい魚料理が供され、次に肉料理と続きます。その合間に、〝口直し〟としてサラダやソルベと呼ばれるシャーベットが出てくることも。

④チーズ（フロマージュ）

デザートの前にチーズが出されます。いくつか選んでワインとともに楽しみましょう。

⑤デザート（アントルメ）

ムース、タルト、プディング、フルーツなどを食べられる分だけオーダーします。

そして最後はコーヒーで締めます。プチフールと呼ばれる小さなお菓子もついてきます。

トータルで2〜3時間。正しいマナーで優雅な時間を堪能しましょう。

フレンチ・フルコースの流れ

①前菜（オードブル）
塩味や酸味の効いた料理が多い。複数供されたときには、冷たいものから温かいものの順に食べる。なお、前菜の前にはアミューズと呼ばれる突き出しが出る。

キッシュは温かい前菜。

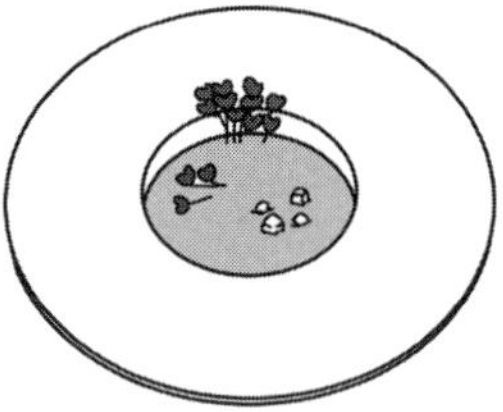

残りが少なくなったら、
スープ皿を傾けてすくう。

②スープ
コンソメ仕立てのものやポタージュが多い。パンも一緒に出てくる。

③メイン～魚料理
メインの魚料理はポワソンといい、もうひとつのメイン料理である肉料理の前に出てくる。

白身魚のポワレなどが代表的。

③メイン〜肉料理

ポワソンの後、サラダやソルベ（シャーベット）を挟んで、ヴィアンドと呼ばれるメインの肉料理が供される。

肉料理のソースもフレンチの愉しみ。

④チーズ（フロマージュ）

数種類のチーズからいくつか選んでいただく。すでにお腹がいっぱいであれば、無理して食べなくてもOK。

チーズは別料金のことも多い。

⑤デザート（アントルメ）

甘いお菓子やフルーツなどを、見た目の美しさとともに味わう。デザートワインと合わせてもよい。食べ終えたらコーヒーで締める。

食べすぎないように注意。

イタリアン・フルコースの食べ方

★★★

肉料理の前にパスタが登場するフランス料理のモデル

カジュアルな洋食というイメージがあるイタリア料理ですが、格式の高いレストランではコース料理が提供されています。

「トラットリア」と呼ばれるのがカジュアルなレストランで、「リストランテ」と呼ばれるのがコース料理を供する高級店です。

フランス料理のコース料理の原型といわれるだけに、その流れはよく似ています。どのように進むのか覚えておきましょう。

①前菜（アンティパスト）

食前酒とともにストゥッツィキーノと呼ばれる軽いおつまみをとった後、ワインをオーダーすると運ばれてきます。食欲を駆り立てるために食べるので塩味や酸味の効いたものが多く、ワインによく合います。生ハム、カプレーゼなど冷たいものがおすすめです。

②第一の皿（プリモピアット）

メイン料理の最初の料理です。パスタやリゾットなどが代表例ですが、ピザが出されることもあります。**メインディッシュの前にパ**

スタを供するのがイタリア料理の特徴と覚えておいてください。

③第二の皿（セコンドピアット）

これがメインディッシュ、つまりコースの主役になります。肉料理か魚料理のどちらかを選びますが、両方出されることも少なくありません。代表的なメニューとしてはローストやグリルがあげられます。

ヴェルドゥーラと呼ばれる野菜料理が続いて供されますが、セコンドピアットと一緒に出されることもあります。

④チーズ（フォルマッジオ）

フランス料理と同じように、好みで数種類選び、ワインとともに楽しみます。なお、食後酒としては**グラッパ**など度数の高いリキュールもよく飲まれます。

⑤ドルチェ（デザート）

ティラミス、ジェラート、フルーツなどをデザートワインとともに楽しみましょう。

その後、コーヒー（エスプレッソ）を小さなお菓子とともに味わい、フィニッシュとなります。

イタリアン・フルコースの流れ

ストゥッツィキーノ
フランス料理のフルコースと同じように、イタリア料理でも前菜の前にストゥッツィキーノと呼ばれる突き出しが供される。食前酒に合わせて食べるためのメニューで、軽い口当たりのものが多い。コース料理の前の腹ごしらえ、胃をウォームアップするための料理と考えるといい。

①前菜（アンティパスト）
冷たい料理が多い。複数用意されている場合は、冷たい料理から温かい料理の順に食べる。

カルパッチョやカプレーゼなどが代表例。数種類の盛り合わせも。

②第一の皿（プリモピアット）
メイン料理の1皿目。パスタ、リゾット、スープなどが多い。ピザやニョッキが出されることもある。

パスタは魚料理、肉料理の前に登場する。

③第二の皿（セコンドピアット）
メイン料理の2皿目。実質的には、これがメインディッシュになる。魚料理か肉料理を選ぶが、両方出てくることもある。ヴェルドゥーラと呼ばれる野菜料理が続いて供される。

ロースト、グリルなどが多い。

④チーズ（フォルマッジオ）
数種類のチーズからいくつか選んでいただく。すでにお腹がいっぱいであれば、無理して食べなくてもOK。

チーズはワインと一緒に楽しむ。

⑤ドルチェ（デザート）
定番はティラミス、ジェラート、パンナコッタ、フルーツなど。食べ終えると、コーヒー（エスプレッソ）が出てくる。

デザートはデザートワインと一緒に楽しむ。

中華料理・フルコースの食べ方

★★★
デザートは塩味と甘味の2種類がある

中華料理は小麦を使った料理の多い**北京料理**、魚介類の料理が特徴的な**上海料理**、辛い料理の多い**四川料理**、あっさりした**広東料理**といった具合に地方ごとの特徴があります。

ただしコース料理の基本は同じで、**①前菜、②スープ、③主菜、④麺・ご飯、⑤デザート、⑥中国茶の流れ**になります。

フレンチやイタリアンと異なるのは、一人分ずつ出されるのではなく、大皿で出された料理をみなでとり分ける点。新しい料理が出されるごとに乾杯することも食文化の特徴といえるでしょう。

コース料理の一般的なメニューは次のようになります。

①前菜

クラゲやキュウリの冷製、バンバンジーなどが数種類盛りつけられます。一度に全種類を自分の皿に取り分けてかまいませんが、**冷たいものと温かいものが両方あれば、別々の皿にとりましょう。**

また、一度に全部食べきれなけ

れば、そのままテーブルに残しておき、主菜を食べているときにつまんでもOKです。

②スープ（湯菜）

たまごスープやコーンスープ、フカヒレのスープなどが代表的です。大鉢から自分の分をとり分けてレンゲで飲みます。

③主菜（大菜）

これがメインディッシュで、魚介類、肉類、野菜などの料理が3〜4品供されます。北京ダックや蒸しエビなどの大菜を味わいましょう。

④麺・飯

炒飯、焼きそば、汁そばなどが締めとして出てきます。

⑤デザート（点心）

小籠包や春巻など塩味のものと、杏仁豆腐やマンゴープリンなど甘味のデザートの2種類があります。

⑥中国茶

ジャスミン茶やプーアール茶などがポットで出されます。

中華料理・フルコースの流れ

①前菜
何種類かの盛り合わせが多い。複数をとり分ける場合、温かい料理と冷たい料理は別々の皿にとる。

一度に全種類をとり分けてもかまわない。

②スープ（湯菜）
たまごスープやコーンスープなど軽めのもののほか、フカヒレやツバメの巣など高級食材を使ったものもある。

とり分けたスープはレンゲで飲む。

③主菜（大菜）
メイン料理。魚介類、肉類、野菜など食材や調理法の異なる料理が3～4品出される。

北京ダックや蒸しエビなどはここで出る。

④麺・飯
中華料理の主食は麺かご飯。炒飯や焼きそば、汁そばなどが食事の締めとして出てくる。

炒飯はレンゲで食べる。

⑤デザート（点心）
杏仁豆腐など甘味の料理だけでなく、小龍包や春巻きなど塩味の料理が出てくることもある。

小籠包も杏仁豆腐などと同じ扱い。

⑥中国茶
中国茶は油を洗い流すともいわれている。ジャスミン茶やプーアール茶などがポットで出される。

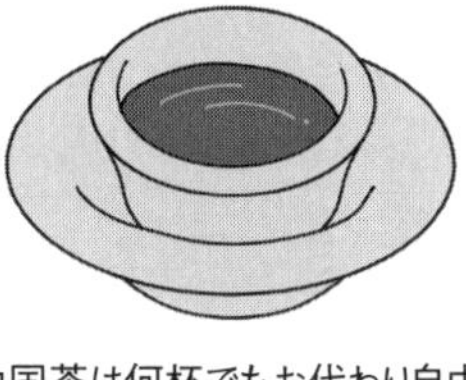
中国茶は何杯でもお代わり自由。

会席料理の食べ方

酒席を楽しむために確立された日本の伝統料理

冠婚葬祭の場で出されることが多い日本の会席料理。懐石料理というものもありますが、両者の違いをご存じでしょうか。

懐石料理が仏教の影響を色濃く受けたお茶を楽しむための料理であるのに対し、**会席料理はお酒を楽しむための料理**で、西洋料理でいうフルコースに相当します。

食文化が発達した江戸時代、日本の正餐である本膳料理の作法をもとに確立されました。

①先付《さきづけ》

いちばん最初に出される料理、つまり前菜のことで、突き出しとかお通しとも呼ばれます。山海の幸が盛られています。

②椀物

お吸い物です。日本料理の真髄といえる出汁を味わいましょう。

③お造り

2〜3品の刺身の盛り合わせで、向付《むこうづけ》とも呼ばれます。

④煮物

野菜や魚介などの煮物が盛りつけられています。

⑤焼き物

野菜や肉、季節の魚の切り身を焼いたものなどが供されます。

⑥揚げ物

魚介や野菜などを揚げた天ぷらは、天つゆや塩で楽しみます。

⑦蒸し物

茶碗蒸しやかぶら蒸しなど、熱々であっさりしたものが出されます。

⑧酢の物

口の中をさっぱりさせる酢の物が小鉢で出されます。

⑨ご飯・止め椀・香の物

止め椀は味噌汁、香の物は漬物のこと。これらが登場したら会席料理の終了を意味します。

⑩菓子

果物や和菓子がデザートとして出されます。その後、お茶を飲んで締めとなります。

会席料理の流れ

①先付
いわゆるお通しのこと。山海の幸が美しく盛られている。

盛り付けを崩さないように手前から食べ進める。

②吸い物
「箸洗い」とも呼ばれるすまし仕立ての汁物。出汁を味わう。

③お造り
旬の魚の白身、赤身の盛り合わせ。淡白な白身から食べる。

④煮物
数種類の旬の野菜が入っている。

盛り付けを崩さないように端から食べる。「炊き合わせ」ともいう。

⑤焼き物
旬の魚などの焼き物が出されるが、お店によっては肉料理が出されることも。

魚や肉、季節の野菜を味わおう。

⑥揚げ物
天ぷらや精進揚げなどが多い。冷めないうちにすぐ食べるのがマナー。

天ぷらは手前から食べ進める。

⑦蒸し物
茶碗蒸しや魚介と野菜を使ったものなど。箸で食べにくいものは匙で食べる。

⑧酢の物
野菜や海藻、魚介類を使った酢の物を口直しに食べる。

⑨ご飯・止め椀・香の物
炊き込みご飯や釜飯などのご飯ものが味噌汁、漬物と一緒に供される。

⑩菓子
デザートとして季節の果物や和菓子が出される。果物は「水菓子」と呼ばれる。

PART

5

会食のマナー 3

お酒の飲み方・選び方

- □ ワインに関する基礎知識
- □ 日本酒に関する基礎知識
- □ ウイスキーに関する基礎知識
- □ カクテルに関する基礎知識
- □「乾杯」の作法
- □ お酌の仕方
- □ お酒の席のマナー

色、味、発泡性、格付け……ワインについて見識を深めよう

★★★

ワインにはどんな種類があるの？

ワインと一口にいってもさまざまな種類がありますが、色や味で分類して覚えるとわかりやすいでしょう。

最もポピュラーな色による分類では、**赤ワイン**、**白ワイン**、**ロゼワイン**に分けられます。赤はブドウの皮の色が溶け出た色、白はブドウの果汁だけを発酵させた色です。ロゼはブドウの果皮で薄く色づけした果汁を発酵させるため薄い赤色（赤と白の中間色）になります。

味の種類は、**辛口**、**甘口**、**中辛口・中甘口**があります。辛口は糖分がほとんど含まれておらず、甘口は糖分をかなり含んでいます。

発泡性の有無で分類すると、炭酸ガスを含まない**スティル・ワイン**、炭酸ガスを含む**スパークリング・ワイン**（シャンパンなど）に分けられます。

さらに格付けによる分類もあり、フランスワインの場合、生産地、生産法、

使用品種など厳しい審査をクリアした最高級の**AOP**、AOPより規定の緩い**IGP**、そして自由につくられた**ヴァン・ド・ターブル**（テーブルワイン）に分けられます。

★★★
産地ごとに特徴がある

ワインは産地ごとに味の特徴が異なります。

フランス・ボルドーのワインはキメの細かさ、しっとりとした味が女性的といわれ、「ワインの女王」の称号を得ています。ブルゴーニュのワインは華やかな赤ワインが多く、シャンパンの発祥地であるシャンパーニュのワインは複雑な風味の辛口で、繊細な炭酸が特徴的です。

イタリアのワインは果実味や甘みの強さが特徴。「スーペル・トスカーナ」は生産者がワイン法にとらわれずに醸造したもので、高い人気を誇ります。

★★★
軽くすっきりしたワインから、濃い味のワインへ

ワインは食事とともに飲まれることが多いお酒です。胃の粘膜を刺激して食欲を増すために飲む食前酒（アペリティフ）にはスパークリング・ワイン、食事をしながら楽しむ食中酒は魚料理

なら白ワイン、肉料理なら赤ワイン、消化を助ける食後酒にはアルコール度数が少し高く、甘口のワインがよく合います。

複数のワインを楽しむ場合は、**軽くすっきりした味わいのものから濃厚なもの、複雑な味のものへと飲み進める**のがポイントです。濃厚なものを飲んでから軽いものを飲むと、もの足りなく感じたり、風味を感じにくくなってしまうからです。

色でいえば白からロゼを経て赤へ、価格でいえば安いものから高いものへ、年代でいえば新しいものから古いものへといった順番も、基本の飲み方として覚えておくといいでしょう。

★★★ 脚をもつか、胴をもつか……ワイングラスのもち方

ワインを飲み慣れていない人が悩みがちなのがワイングラスのもち方。

国際的にはボウル（胴）の部分をもつのが正しいとされていますが、日本ではグラスの脚の部分をもつことが正しい作法とされています。ボウルの部分をもつと、体温でワインの温度が上がり、味や香りが変わってしまうという考えからです。

どちらが正しいともいえないので、飲みやすいもち方でいいでしょう。

★★★

テイスティングでは何をチェックするの？

ワインを注文すると、ソムリエがもってきたワインのテイスティングをします。その昔、ホストはワインに毒が入っていないことをお客に示すために目の前でワインを飲んで見せたといいます。つまり、**毒味がテイスティングの起源**だといわれています。

テイスティングではワインの色をみて香りをかぎ、一口味わいます。それで問題なければ「お願いします」「大丈夫です」などとうなずきましょう。

もしワインが濁っていたり、異臭がしたり、酸味が強すぎるなど品質に問題があれば変更してもらえますが、**味の好みによるキャンセルはできません**。あくまで出されたワインのチェックだということを忘れずに。

ワイングラスのもち方

日本ではグラスの脚の部分をもつのが一般的。
世界ではグラスのボウルの部分をもつ。

ワインテイスティングの仕方

グラスを少し傾け、ワインの透明度をチェック。熟成しているワインほど色が濃い。もし濁っていれば問題ありなので、チェンジしてもらう。

グラスを鼻の下にもっていき、香りをかぐ。その後、グラスを静かにまわして空気となじませ、もう一度、香りを確かめる。

一口ワインを含んで舌の上で転がしてみる。酸味が強すぎるなどの異常がなければ、ソムリエに「お願いします」と伝える。

★★★

ラベルの見方を覚えよう

ワインのラベルは情報の宝庫です。**ここを確認すれば生産地、ブドウの収穫年、ブランド名、アルコール度数、容量などが一目でわかる**ので、見方を覚えておきましょう。

記載内容や表記方法は国によって異なり、フランスワインの場合、産地名（たとえばボルドー）が最も大きく表示される点が特徴です。一方、チリワインのラベルは、産地名よりもブランド名やブドウの品種などが大きく表示されています。

ワインラベルの見方
フランスワインの場合

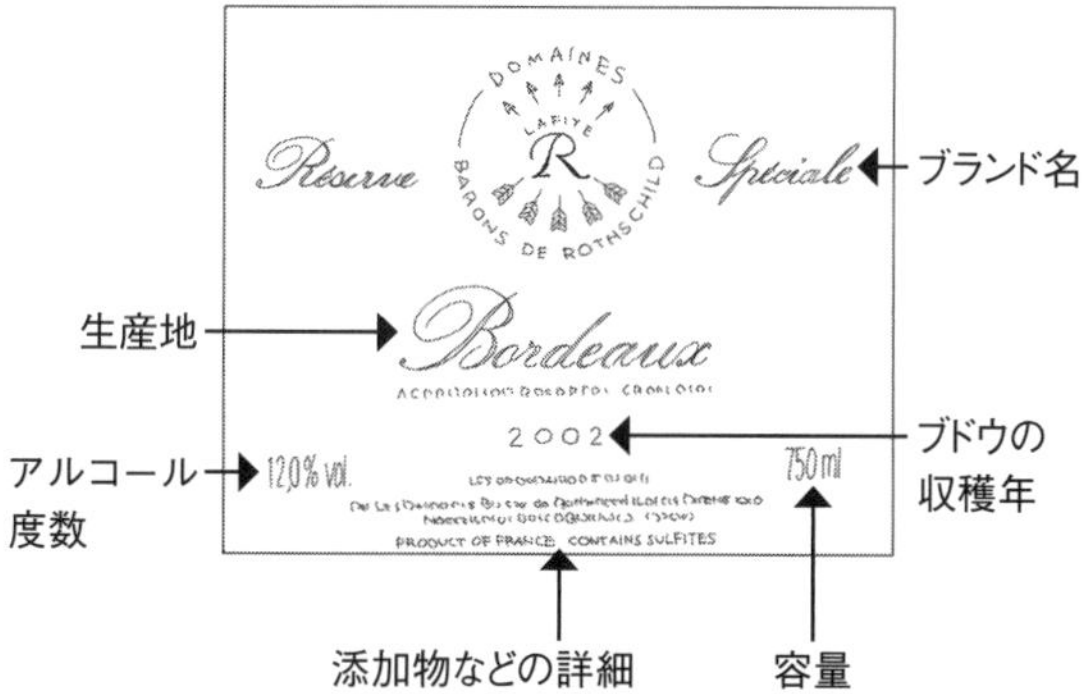

★★★

「通」ぶれる味の表現法

ワイン通と思われたい——そんな人は味の表現方法を覚えましょう。口に含んだときの第一印象を「**アタック**」といいます。「さわやかなアタック」「インパクトのあるアタック」「豊かなアタック」などと使います。

苦味や渋味を表現するのは難しいものですが、たとえばなめらかな舌触りなら「シルクのような」、熟成が進んでいる濃厚な味わいなら「ビロードのような」、舌にざらつくような感じなら「荒々しい」などといいます。

日本酒に関する基礎知識

香り、濃淡、余韻の特徴を知り、料理に合わせて選ぶ

★★★
日本酒はどんな種類があるの？

獺祭《だっさい》、八海山《はっかいさん》、越乃寒梅《こしのかんばい》、久保田《くぼた》、十四代《じゅうよんだい》……。日本酒もワインと同じようにたくさん種類がありますが、米の精米歩合（玄米に対する白米の重量の割合）や醸造《じょうぞう》法によって大きく4つに分類されます。

①**純米酒**　米と米麹と水だけが原料のもの。醸造アルコールは入れない。

②**本醸造酒**　精米歩合70％以下の米を原料に、醸造アルコールを添加したもの。

③**吟醸酒《ぎんじょうしゅ》**　精米歩合60％以下の米を原料に低温発酵し、吟醸香という香りが出るなどの条件を満たしたもの。精米歩合50％以下なら**大吟醸酒**という。

④**生酒《なまざけ》**　通常、貯蔵前と瓶詰め前に行う火入れ（加熱殺菌）をしていないもの。瓶詰め前に1回だけ加熱殺菌したものは**生貯蔵酒《なまちょぞうしゅ》**という。

味の特徴としては、**純米酒は深くしっかりしたものが多く、本醸造酒は純米よりも淡麗でまろやか。吟醸酒はフルーティで繊細、生酒は少し甘酸っぱいフレッシュ感**があります。

★★★
日本酒を選ぶときの3つのポイント

最初のうちは日本酒の選び方が難しく感じるものです。そこでおすすめしたいのが**香り・濃淡・余韻**の3つを目安にすることです。

香りとは吟醸香、つまりフルーティーな香りのことです。これは米本来の香りであり、吟醸酒や生酒に多く感じられます。

濃淡とは味のこと。旨味がしっかりしているものを「濃い」といい、軽やかですっきりしているものを「薄い」といいます。

余韻とは後味のこと。後味が残るものは「余韻が長い」と表現し、逆に後味が残らないものは「キレがいい」と表現します。

日本酒を選ぶときには、この3つのポイントをふまえましょう。

★★★
どんな日本酒にどんな料理が合うの?

日本酒には相性のいい料理、悪い料

理があります。

米本来の味わいが強い**純米酒は、しっかりした味の料理が合います。**そもそも純米酒はご飯と同じようなものなので、餃子などご飯に合う料理なら間違いはありません。

本醸造はどんな料理とも相性がいいです。香りが控えめで端麗辛口だからです。濃厚なこってりした料理から、あっさりとした軽めの料理まで万能の日本酒です。意外ですが、グラタンなど洋風料理との相性も抜群です。

フルーティーな香りが特徴の吟醸酒は、あっさりした味の料理が合います。食前酒、食後酒としてもピッタリです。

そのほか、うなぎの蒲焼きやビーフステーキなどの濃い味の料理には、重厚な味わいの長期熟成酒や古酒が合います。食事と一緒に少しずつ楽しみましょう。

日本酒と料理の相性

純米酒～ご飯に合う料理、しっかりした味の料理が合う。

本醸造～濃厚な料理でもあっさり目の料理でもOK。

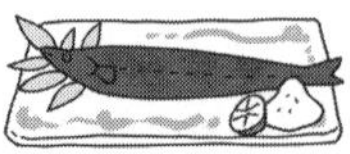

吟醸酒～あっさりした味の料理が合う。

古酒～濃厚な味の料理がよく合う。

★★★

升から飲む「もっきり」の作法

日本酒を注文すると、グラスを升の中に入れた状態で提供されることがあります。この升の中のグラスに、あふれるほどの日本酒をつぐスタイルを「もっきり」といいます。漢字では「盛り切り」と書き、量り売りしていた時代の名残とされています。

もっきりで出された場合、グラスに入った日本酒を飲んだ後、升の中の日本酒をグラスに入れて飲みます。

グラスの日本酒があふれそうなら、グラスを升の中でもち上げて少しこぼし、グラスの酒量を調整してから飲んでも失礼ではありません。

もっきりの飲み方

グラスに入った日本酒を飲む。あふれそうなら升を一緒にもち上げて少しこぼし、酒量を調整。

グラスの中が少なくなったら、升に入っている日本酒をグラスに移して飲む。

ウイスキーに関する基礎知識

モルト、バーボン、グレーン、それぞれの味を楽しもう

★★★

ウイスキーはどんな種類があるの?

ウイスキーは生産地によって**スコッチ・ウイスキー**、**アイリッシュ・ウイスキー**、**アメリカン・ウイスキー**などと呼ばれています。世界で最も多く飲まれているのはスコッチです。

原料は大麦、ライ麦などの麦芽や、トウモロコシをはじめとする穀類(グレーン)。**大麦麦芽(モルト)だけでつくるのがモルト・ウイスキー**で、ピート(泥炭)の香りが特徴的です。**トウモロコシ51%以上を原料としてつくるバーボン・ウイスキー**は、モルトに比べて甘さを直接的に感じられます。**トウモロコシやライ麦麦芽でつくるグレーン・ウイスキー**は軽さ、まろやかさに特徴があります。

★★★

シングル、ダブル、ジガーってなんのこと?

ウイスキーの飲み方としては、グラスにウイスキーを注いでそのまま飲む

ストレート、グラスに氷を入れてウイスキーを注ぐ「オンザロック」、水で割る「水割り」、炭酸水で割る「ハイボール」などが知られています。

ウイスキー本来の味と香りを楽しみたいならストレートがおすすめです。

アルコール度数が高く、味や香りの強いアメリカのバーボンなどはロックで飲むとおいしいといわれます。ロックの場合、グラスに注ぐウイスキーの量を**シングル**（**約30㎖**）、**ダブル**（**約60㎖**）、**ジガー**（**約45㎖**）のいずれかで指定することができます。

なお、ストレートを頼んだものの、キツくて飲めない場合は、ハイボールや水割りにしてもらうことも可能です。バーテンダーにお願いしましょう。

チェイサーの重要な役割とは？

ウイスキーを楽しむコツは、チェイサーをタイミングよく飲むことです。チェイサーとは、水や炭酸水のこと。ウイスキーを飲んだ後にチェイサーを飲むと、舌の痺れがとれ、体内のアルコール濃度が薄まります。さらに、ウイスキーの直後に飲むと香りや風味が口の中に広がります。

チェイサーを上手に使いながら、ウイスキーを楽しみましょう。

知識がなくても、バーテンダーに好みを伝えてみよう

カクテルに関する基礎知識

★★★

カクテルにはどんな種類があるの？

カクテルは、**ショートカクテルとロングカクテル**の2種類に分かれます。

ショートカクテルは短時間で飲むカクテル。シェーカーやミキシンググラスを使って材料をかき混ぜ、口の広がったカクテルグラスで提供します。アルコール度数の高いお酒をベースにすることが多く、氷は入れません。**マティーニ**、**マルガリータ**、**ダイキリ**、**ニューヨーク**、**マンハッタン**などがショートカクテルの代表格です。

一方、ロングカクテルはショートカクテルより時間をかけて飲むカクテルです。基本的にシェーカーを使わず、バースプーンと呼ばれる長いスプーンでグラスに入れた材料をかき混ぜてつくります。

人気のロングカクテルとしては**ジントニック**、**スクリュードライバー**、**モスコーミュール**、**ソルティドッグ**、**モヒート**などが挙げられます。

カクテルの種類

ショートカクテル	マティーニ	人気No.1。「キング・オブ・カクテル」と呼ばれる
	マルガリータ	テキーラをベースにした甘くてさっぱりしたカクテル
	ダイキリ	ラム酒を使ったカクテルの代表格
	ニューヨーク	ウイスキーをベースにした都会的なカクテル
	マンハッタン	ニューヨーク同様、ウイスキーがベース。「カクテルの女王」
	ギムレット	ライムの爽やかさが特徴。インド洋の海上で誕生した
ロングカクテル	ジントニック	ジンをトニックウォーターで割っただけのシンプルなカクテル
	スクリュードライバー	ウォッカにオレンジジュースを混ぜたカクテル。女性に人気
	モスコーミュール	ウォッカにライムジュースとジンジャーエールを混ぜたカクテル
	ソルティドッグ	ウォッカにグレープフルーツジュースを混ぜたカクテル
	モヒート	ミントの香りが印象的なラムベースのカクテル
	カンパリオレンジ	苦味の強いカンパリをオレンジジュースで割ったカクテル

★★★

バーテンダーにお任せでカクテルを頼む

バーでは、自分の好みのカクテルを自由にオーダーすることができますが、バーテンダーにお任せするのもカクテルの楽しみ方の1つです。

注文の仕方に悩む必要はありません。ロングかショートか、甘口なのか辛口なのかといった飲みたいカクテルのイメージを伝えましょう。好きなお酒があれば「ベースは○○でお願いします」などと伝えると、よりわかりやすく、好みに合ったカクテルをサーブしてもらえるでしょう。

★★★

グラスに添えられたフルーツを食べても大丈夫？

レモンやライムなどがカクテルに添えられていることがあります。カクテルはそうしたフルーツの味も計算したうえでつくられているので、軽く搾って飲みましょう。

チェリーやオリーブなどは直接食べます。食べるタイミングはいつでもOKです。そのまま食べるのは苦手という人は、カクテルの中に入れて風味を楽しむのもおすすめです。

フルーツなどを刺したピックは、コースターの端などに載せておき、カクテルを飲み終えたら、グラスの中に入れます。残ったフルーツの皮や種はナプキンに包んでグラスの横に置いておきます。

★★★

グラスの縁についている塩はどうすればいい？

たとえばソルティドッグは、グラスの縁につけた塩がカクテルと混ざるのを計算してつくられています。ですから、口をつけて問題ありません。少しずつ口をつける場所をずらしながら飲み進めましょう。

塩が加わらないほうが好みなら、塩がなくなった場所から飲み続けます。

その結果、飲み終えたときにたくさんの塩がグラスに残ってしまってもマナー違反にはなりません。

細い2本のストローはなんのためについている？

グラスにストローが2本ついてくるカクテルがあります。恋人同士が一緒に飲むために2本ついているわけではありません。果汁などが詰まってストローが使えなくなってしまったときのため、予備として1本多くついているのです。また、マドラー代わりに使うためという意味合いもあります。

ちなみに、マドラーは飲む前にカクテルを軽くかき混ぜたら、ナプキンの上などに置いておきます。マドラーを入れたままのグラスで飲むのはあまり美しくありません。一度外に出したマドラーをふたたびグラスに入れて使うのも控えたほうがいいでしょう。

カップルのために、ストローが２本ついてくるわけではない。

「乾杯」の作法 正式なマナーは？

一口飲んだらグラスを置いて拍手をするのが基本

グラスを目の高さに上げる

結婚披露宴やパーティーなどで乾杯するときは、まず起立してグラスを胸の高さにもちます。「乾杯」と声がかかったら、**グラスを目の高さまで上げ、周囲の人たちに軽く会釈してから口をつけましょう。そして一口飲んだらグラスをテーブルに置いて拍手します。**

これが乾杯の基本です。覚えておきましょう。

グラスの高さはその人の身分を示す

目上の人との乾杯で気をつけたいのがグラスの高さ。

実は、グラスの高さはそのまま身分を表すとされています。そのため、目上の人と乾杯するときは、**相手のグラスよりも低い位置にくるように気を配る**ことが大人のマナーです。

できれば片手ではなく両手でグラスをもつほうがより丁寧です。

乾杯のマナー

相手よりも高い位置にグラスを掲げないようにする。

★★★
グラスは合わせる？合わせない？

乾杯のときにグラスを合わせるかどうかはＴＰＯで異なりますが、**正式な場では合わせない、職場での親睦会や仲間同士の飲み会などカジュアルな場では合わせる**と覚えておくといいでしょう。

ただし、正式な場でも、相手からグラスを合わせるように求められたら、軽く合わせるのが礼儀です。

また、料亭や高級レストランなどで使われるグラスは薄いものが多く、グラスとグラスを合わせることでキズがつく可能性があるので合わせないほうが無難です。

★★★
お酒が苦手でも一口だけ飲むか、飲むふりをしよう

たとえお酒が苦手だとしても、**乾杯のときには一口飲むのが礼儀**です。

どうしても飲めないのなら、そっとグラスに口をつけて飲むふりをしましょう。

お酌の仕方
基本のマナー

礼節と心配りを感じさせるお酒の注ぎ方、受け方

★★★

ビール、日本酒、ワインの注ぎ方と受け方

お酌する・されるとき、どちらもスマートな所作を心がけたいものです。

ビールはグラスに残っている段階で注ぎ足すと味が悪くなることから、基本的には空いたグラスにお酌します。

このとき気をつけたいのは相手に銘柄がわかるよう、**ラベルを上にしてもつこと**。**瓶は右手でもち、左手は瓶の底のほうに添えて**注ぎます。ビールと泡の割合は7対3が目安です。

お酌を受けるときは、**両手でグラスをもちます**。泡立ちをよくするためにグラスを傾けるのがマナーといわれていますが、そのままでも失礼にはなりません。

日本酒は、とっくりを右手でもち、底のほうに左手を添えて、お猪口《ちょこ》や杯の8分目くらいまで注ぎます。なみなみと注ぐと、こぼしてしまうので気をつけましょう。**とっくりは、首の部分をもってはいけません**。

お酌を受けるときは、**必ず飲み干してからお猪口や杯をさし出す**のがマナーです。どうしても飲み干せない場合は、「申し訳ありません」と一言断ってからお酌を受けるようにします。

ワインはお酌の文化のない西洋のお酒なので、本来はゲストがお酒を注ぐ必要はありません。とはいえ、日本ではコミュニケーションの1つとして、注いだりすることもあるでしょう。

ワインを注いでもらう場合、**グラスをもたず、テーブルに置いたままの状態**にします。レディーファーストの考えに基づき、**注ぐのは男性だけ、女性は注がないのが一般的**です。

お酌の仕方・され方

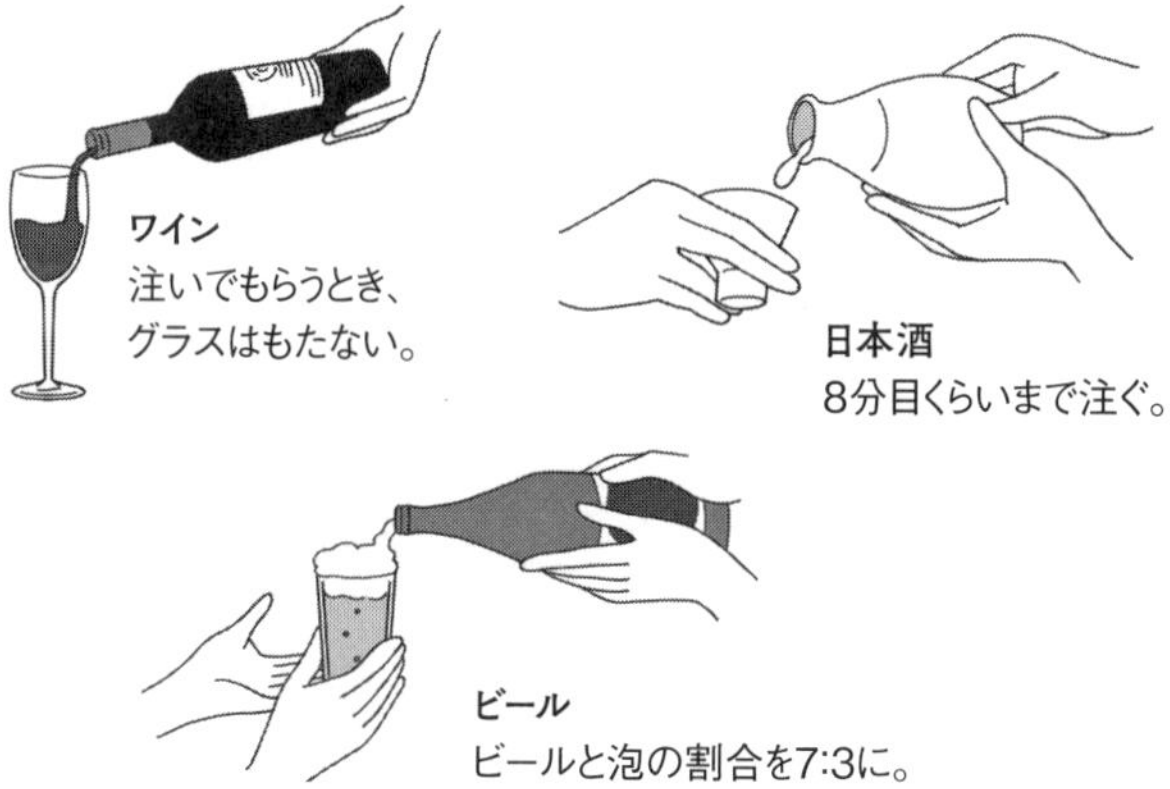

ワイン
注いでもらうとき、
グラスはもたない。
日本酒
8分目くらいまで注ぐ。
ビール
ビールと泡の割合を7:3に。

お酒の席のマナー 困ったときには

無理にすすめられて困惑……もう断りたいなら？

そこまで言わなくても大丈夫な相手には「不調法なものので」「もう十分いただいたので」「これ以上いただくと泥酔してしまうので」とやんわりと断ればいいでしょう。

★★★
飲めないのでスマートな断り方を知りたい！

お酒が飲めない相手に、いくら断ってもすすめる人がいます。これが仕事の関係者だったりすると、あまり強硬な態度もとれません。

そんなときに効果を発揮するのが「ドクターストップがかかっているので……」という一言です。こう言われると、相手もお酒をすすめるわけにはいかないでしょう。

★★★
お酌しようとしたのに「手酌でいいよ」と断られた！

お酌しようとしたら「手酌でいいですから」と断られてしまったという経験はありませんか？

相手が断っているのに無理強いする

のは大人気《おとなげ》ないものですが、交流を深める手段の1つがお酌であることも事実です。もしかしたら、相手はあなたの手を煩わせまいと気遣って断ったのかもしれません。

そんなときは断られたからといってそのままにせず、相手のグラスや杯の中身に気を配っておくのが好印象のポイントです。

グラスが空になったタイミングで再度「いかがですか?」と声をかけてみるのもいいでしょう。

それでもさらに断られてしまったとしたら、そのときは残念ですが諦めましょう。

★★★

グラスを床に落として割ってしまった!

お酒を飲んでいると、気分が高揚して身振り手振りが大きくなり、思わぬ粗相をしてしまうことがあります。たとえば、グラスを床に落として割ってしまうケースです。

その場合、自分で片付けるのはやめましょう。破片で怪我をすると大変です。テーブルの下などにそっと隠すのは、もちろんNGです。

お店のスタッフを呼んで粗相を謝り、片付けてもらいましょう。弁償する意思を伝えることも忘れずに。

★★★

グラスに口紅がべっとりついてしまった！

グラスに口紅をつけるのはマナー違反です。こっそり指で口紅をふきとればいいという考え方もありますが、あまり見栄えがよくありません。グラスは極力汚さずに使いたいものです。

そこで実践してほしいのが食事前のティッシュオフです。唇に一度ティッシュを当てて、余分な口紅を落としておくと、口紅はグラスにつきにくくなります。

また落ちにくい口紅も市販されているのでそれを使う方法もあります。

★★★

酔っ払いにからまれてしまったら？

ハラスメント行為に関する基準は厳しくなっているものの、酒席で悪酔いして執拗にからんでくる人もいます。

仕事がらみの酒席では露骨に嫌な顔をしづらいケースもあるかもしれませんから、上手にいなす大人のやり方を知っておいて損はありません。

効果的なのは「すみません。電話が入って」「ちょっとトイレに」などの口実を設けて、その場から立ち去ること。あまりにしつこい場合は、幹事や仲間に合図して助けを求めましょう。

酔っ払いに近づかないのが一番の対処法かも。

★★★

うっかり泥酔してしまった！

酒は飲むものであって、飲まれるようでは大人の飲み方ではありません。でも、体調やその場の雰囲気でうっかり泥酔してしまうこともありえます。

どんなに悔やんでも、起きてしまったことややってしまったことは取り返しがつきません。

あなたにできることは、なるべく早く対処することだけです。バツが悪いと思うのは当然ですが、自業自得と思い、翌朝すぐに相手に電話を入れて迷惑をかけてしまったことへのおわびと、介抱してもらったことへのお礼を言いましょう。ついメールで済ませたくなるものですが、ここは誠意をみせるためにも電話をおすすめします。

ひどい迷惑をかけてしまったようなら、後日、手土産持参で謝罪に行ったほうがよいでしょう。

PART

6

食後・支払いのマナー

- □ お開き間近のマナー
- □ スマートな支払いのマナー
- □ 退席と散会のマナー
- □ お見送りのマナー
- □ ごちそうになる側のマナー

身じたくも、散会の準備も、少し早めがエレガント

★★★ 食べ残しは隅に寄せて懐紙や紙ナプキンで隠す

注文した料理は、残さずきれいに食べきるのが理想です。でも、もともと少食だったり体調が悪かったりすると、食べきれないこともあります。

それは仕方がないことですから、無理にお腹に押し込む必要はありませんが、食べ残しをきれいに見せる方法を知っておくと印象よくお店を出ることができます。

その方法とは、食べ残しや魚の骨、果物の種などをお皿の隅に寄せ、懐紙や紙ナプキンに包んで隠すというもの。こうすると、食べ散らかした感じ

残りものの処理の仕方

食べ残しは隅寄せすると上品に見える。

がしません。

またボトルで頼んだワインを残してしまった場合、お店によってはボトルをもち帰ることができます。お店のスタッフに確かめ、可能であれば自宅で楽しませてもらいましょう。

席での化粧直しはマナー違反

食後には口紅が落ちていないか、化粧が崩れていないか気になりますが、**席での化粧直しはマナー違反**です。

サッと口紅を塗るくらいなら、チラリと鏡で確認するぐらいなら……といった気持ちになりがちですが、化粧室まで足を運び、誰もいないところで直すようにしましょう。

お開きのタイミングは?

「宴もたけなわですが」という言葉があるように、**場が盛り上がっている間に散会するのがスマートな切り上げ方**です。

デザートを食べて歓談し、15分ほど経った頃がそのタイミング。接待なら宴が始まってから2時間くらいが目安でしょうか。タイミングを見計らって目上の人や上司に挨拶をお願いし、お開きとします。

スマートな支払いのマナー

クレジットカードで、招く側の代表者が会計するのがベスト

★★★
トイレに行くふりをして支払いを済ませる

食事を満喫したら、次は支払いです。慌てず、さらりとスマートに済ませましょう。

こちらが誘い、ごちそうする場合、支払いで最も重要なのは、**精算している姿を相手に見せない**ことです。そのためには、化粧室に行くふりをして支払いを済ませるか、相手が化粧室に立ったタイミングで済ませるといいでしょう。

★★★
テーブルで会計するお店も多い

レジで会計するのではなく、テーブルで会計するお店もあります。格式の高いお店に多く、それを知らずに席を立ってレジを探していると、「こういうお店に慣れていない人なのかな……」と思われてしまうので、そのお店の支払いシステムをあらかじめ確認しておくことをおすすめします。

テーブルでの会計の場合、現金よりもクレジットカードのほうがおつりもなくスムーズです。何よりお金をさらけ出さない品のよさが感じられます。

どうしても現金払いになるようなら、**伝票の下にお金を置いたり、ファイルにはさんで店員に渡したり**して、なるべくお金がみえないように気配りをしましょう。

★★★

ワリカンのときは代表者がまとめて支払い、後で精算する

職場の同僚などと食事をすると、ワリカンにすることがあります。このときテーブルで集金を始めたり、レジで

ワリカンにするなら、代表者がまとめて
支払い、店の外に出てから集金しよう。

1人ずつ支払ったりするのは非常識な行為です。本来なら一度で済む会計をバラバラにすると、お店のスタッフに余分な負担がかかってしまいます。格式の高いお店では1人ずつの会計を受けつけてくれません。

ワリカンの場合は、代表者がまとめて支払い、後で精算するようにしましょう。もちろん集金は店内ではせず、外に出てから行ないます。

★★★
領収書の受けとり方は？

接待などの場合、会社に提出する領収書が必要になりますが、なんの準備もしていないと会計時にモタモタしてしまいます。

事前に「領収書が欲しい」とお店側に伝えておけば用意しておいてくれます。そのときに**宛名や但し書きについても触れておくと効率的**です。

事前にお願いできなかった場合は、支払い時に領収書が欲しいと伝えます。宛名に関しては、口で伝えるよりも名刺を渡したほうが手っとりばやく正確です。

★★★
テーブルチャージって何？

格式の高いお店やお酒を出すお店で

は、テーブルチャージを求められることがあります。

テーブルチャージは「席料（部屋代）」とも呼ばれます。つまりは店に入り、席に着いただけで発生する料金のことです。

海外にはない日本独自のシステムで、「お通し」のようなものと考えるとわかりやすいかもしれません。

★★★ チップを払わなくても大丈夫？

欧米のレストランでは、規定料金とは別に、「チップ」と呼ばれる代金を支払う習慣があります。


チップとはサービスを受けたことに対するお礼のようなもので、ヨーロッパのレストランの場合、請求額の15％くらいが平均といわれています。

日本で高級店で食事をする際にもチップを払うべきなのかどうか悩む人がいますが、基本的には不要です。日本の飲食業界では慣例的に10％のサービス料がチャージされ、それがチップのような意味合いをもっているからです。

支払いの際、「これ、チップだからとっておいて」などとやると、お店の人も戸惑うので、特別に支払う必要はないでしょう。

退席と散会のマナー

ごちそうになるときは、一足先に出てもOK

★★★

一度は遠慮するそぶりをみせる

接待を受けたり、上司に食事に誘われたりして、ごちそうになったとしても、それが当然という態度をとってはいけません。いざ支払いの段になったら、一度は財布を出して、「私にも払わせてください」と、**遠慮するそぶりをみせましょう**。

このとき大切なのは財布を出すことです。口だけではなく、遠慮する気持ちを態度でも示すのです。

なお、相手がごちそうすると言っているのに頑なに断るのは不作法です。

レジの前で「私が払います」「いえ、私が」などと押し問答している姿は見苦しいものです。

また、年長者や立場が上の人に対して「ワリカンにしましょう」というのも失礼にあたります。

一度断ってもなお、相手がごちそうしてくれるというのなら、素直にごちそうになりましょう。

支払い中の姿はみない！

　ごちそうする立場としては、具体的な金額を知られるのはあまり気持ちのよいものではありません。ですから、支払いのときはレジの前から離れるようにしましょう。「お先に外に出ております」と一声かけて、外に出て待っているのもスマートです。

申しわけないと思う
気持ちは相手にも
伝わるはず。

退席は目上の人から順番に

　支払いが終わったら、目上の人から順番に席を立っていきます。人数が多い場合は、ホストがまず席を立ちます。その後、年齢に関係なく順次退席していきます。

　話が盛り上がるあまり、出口付近でふたたび立ち止まりおしゃべりに興じたりするのはやめましょう。もっと話していたいのならば、別のお店に入ることです。

会食は相手を見送るまで終わらない

手土産を渡すのは帰り際、お店を出たところで

通常、手土産は最初に顔を合わせたときに、袋や風呂敷から出して渡すものです。でも、接待などの場合は帰り際に手提げ袋のまま渡すのがマナーとされています。そのほうがもち帰るのに便利だからです。

一方、ゲストから「お土産です」と渡されときは、その場で遠慮なくいただきます。このとき、渡されたものがリボン付きなら、「開けてみてもよろしいでしょうか?」と断りを入れてその場で開けましょう。リボン付きの贈り物は、その場で開けるのがマナーです。

タクシーの席次は意外な盲点

招待する側なら、店周辺の地理に不案内な参加者のために最寄り駅や路線などを調べておき、いつでも案内できるようにしておきましょう。タクシーで帰ることがわかっているなら、事前にタクシーを予約しておきます。

タクシーに相乗りする場合、気をつけたいのが席次です。マイカーや社用車の場合は助手席が上座になりますが、**タクシーでは助手席は下座**です。

タクシーの上座は運転手の後ろの席、その次が助手席の後ろの席、その次が真ん中の席になると覚えておきましょう。

タクシーの席次

助手席が下座になる。

★★★

ホストに感想を伝えよう

招待された側なら、店を出たところでホストにお礼を言いましょう。「ごちそうさまでした」だけでなく、会食の機会を設けてくれたことへの感謝を込めて、**「素敵なお店でした」「あっという間に時間が過ぎてしまいました」などと感想を添えるとベター**です。

その後、手土産をもってきていれば、すみやかに渡しましょう。

ごちそうになる側のマナー

ごちそうされたらお礼を3回は伝える

ごちそうしてくれた相手にメールや電話でお礼を

食事をごちそうになったら、相手が親しい人ならば別れた後にお礼のメールを送りましょう。「今日はごちそうさまでした。またご一緒させてください」といった一言でかまいません。これだけであなたの印象はグッとよくなります。仕事の相手やそれほど親しい関係でない場合は、翌朝に**電話かメールでお礼**をしましょう。お礼状を書いてもいいでしょう。

どのような方法でも、感謝の気持ちを伝えることが大切です。

再会したときにもお礼を忘れずに

ごちそうしてもらった相手には、次に会ったときにもお礼を言いましょう。しつこいのではないかと思うかもしれませんが、何度感謝されても不快に思う相手はいません。**お礼はマナーとして食事の直後、翌朝、再会時の3**

回言うものだと覚えておきましょう。
　直接お礼を言うときに気をつけたいのは、周囲に人がいないか確認することです。もし他の人がいる前で「この前はごちそうさまでした」と言ったら、「私はごちそうされていないのに……」と不満に思う人がいるかもしれません。どうしても相手と二人になることが難しいようなら、「先日は大変お世話になりました」など、あいまいな表現を使うようにします。

★★★

3回に1回はお礼にごちそうし返す

いくら年長者や立場が上の人とはいえ、いつもごちそうされてばかりでは大人としての礼儀に欠けます。相手との関係にもよりますが、できれば3回に1回くらいはこちらがごちそうしたいところです。

　ただし、ダイレクトに「今日は私がごちそうします」では失礼です。「いつもお世話になっているので、たまにはごちそうさせてください」「ぜひ〇〇さんにご紹介したい行きつけの店があるのですが……」など、**理由をつけて誘いましょう**。そのとき、「いつも〇〇さんに連れていっていただくような高級店ではないのですが」と一言添えると、相手も気軽に応じてくれます。

PART 7
シーン別・大人のマナー

□ 立食パーティでの立ち居振る舞い
□ 接待の席で気をつけたいポイント
□ 上司や先輩との会食マナー
□ 部下との食事、気をつけるポイントは？
□ カジュアルなランチのマナー
□ バイキングをスマートに楽しむ
□ バーでの時間とお酒を楽しむマナー
□ ご自宅を訪ねる際のスマートな振る舞い

立食パーティでの立ち居振る舞い

初対面の相手には自己紹介から

★★★ 交流と料理は7：3のイメージで臨む

会場内を自由に行き来して、いろいろな料理を楽しみつつ、多くの人と交流する立食パーティ。そのいちばんの目的は食事ではなく交流です。

新たな人脈を築いたり、縁がなかったかたと親しくなる絶好のチャンスですから、仲間内で固まったり、一人でひたすら料理を食べ続けたりするのはやめて、多くの人に積極的に話しかけましょう。交流：料理＝7：3くらいの割合が理想です。

★★★ 会場入りしてからどう動く？

立食パーティの会場に到着したら、まず手荷物やコートをクロークに預けましょう。会場内で移動しやすいようにするためです。その後、受付で記帳し、会費を支払って会場に入ります。

会場内ではウエルカムドリンクを受け取ります。これはパーティが始まる前に飲んでも大丈夫です。

忘れてはいけないのが主催者への挨拶。始まる前でも途中でもいいので、必ず主催者に招いてもらったことに対するお礼の挨拶をしましょう。帰りにも軽く挨拶をして会場を出ます。

椅子は独占しないこと

立食パーティでは決まった席がありません。そのため、どこにいればいいのか迷いがちですが、他のゲストやスタッフの動きを妨げない場所ならどこでもOKです。

ドリンクバーの前や、料理が並んでいるテーブル周辺、会場スタッフの出入口付近などは、立っていると迷惑なゾーンです。

会場内の壁際には椅子が用意されていますが、これは基本的にお年寄りや気分がすぐれない人のためのものです。疲れたときなどに空いていれば座ってもかまいませんが、いつまでも**座り続けたり、独占したりするのはNG**です。荷物や上着などを置くのも控えたいところです。

料理のとり方とマナー

料理は好きなものをとって問題あり

ません。前菜、スープ、魚、肉、デザートと、コース料理の形をとっていることもありますが、日本のカジュアルな立食パーティでは肉料理あり、パスタあり、寿司ありといったケースも多いので、コース形式についてはそれほど気にしなくてもいいでしょう。

一度に2枚も3枚もお皿をもたず、1人1皿にして2～3種類の料理を少量ずつ盛りつけます。一度に大量に盛りつけたり、食べきれずに残したりするのは不作法です。料理は何度とりに行ってもいいのですが、そのときは食べ終えた皿をサイドテーブルに置いて新しい皿を使いましょう。

立食パーティの風景

★★★

名刺交換のタイミングは？

立食パーティのメインテーマである交流については、名刺交換から始めます。いろいろな人たちと積極的に名刺を交換して、自分自身を相手に印象づけましょう。

気をつけたいのは名刺交換のタイミング。相手が食事中であれば、食べ終わるのを待ちます。

ただし、こちらが食事中に名刺交換をお願いされた場合は、いったん食べるのをやめて名刺交換を優先するようにしましょう。

★★★

どんな会話をすればいい？

人見知りの人が立食パーティで最も困るのが、初対面の相手との会話の内容です。

まず自己紹介からはじめ、主催者との関係を話したり、食べている料理について話題にしたりすると徐々に打ち解けてきます。その後、相手の趣味などについて質問するとスムーズに会話ができるでしょう。

時事ネタもありですが、政治的な話題は控えましょう。あまりにプライベートなことや自慢話もタブーです。

商談は、雑談と前菜でその場が和んでから始める

★★★

接待はとにかく、おもてなしに徹すること！

接待は成功すれば相手の信頼を得て利益につながる一方で、失敗すれば利益を失う可能性がある重大な局面です。

接待の席での失敗とは、相手に信頼・信用できない人、会社だと思われてしまうこと。そうならないためには、どうすればいいのでしょうか？

接待の基本は、相手の立場や状況などを考え、相手の求めていることを察して提供すること。つまり、相手をもてなすことです。

とにかく徹底的におもてなしをして、相手の信頼を得、心の扉を開いてもらうことが重要なのです。

相手が思うような反応をしてくれないことも、もちろんあるでしょう。そんなときにも残念な気持ちをグッと押し殺し、おもてなしの精神に徹することです。それが接待の成功につながる道なのです。

接待は相手に気持ちよくなってもらってこそ。

★★★

事前リサーチが勝負を決する

接待を成功させるための第一歩は、相手が何を好んでいるのかを知ることだといえるでしょう。

とはいえ、事前リサーチは難しいものです。接待に使うお店を決めるより前に、相手の好きな食べ物や飲み物を聞けるとは限りません。そこで大切なのが、ふだんから接待相手と交流する中で情報収集しておくことです。

食べ物や飲み物の好き嫌いはもちろん、趣味、経歴、家族構成なども把握しておくと、いろいろなことがスムーズに進みます。**事前リサーチが勝敗の分かれ目になる**のです。

★★★

接待に向いている店、向いていない店がある

接待をするお店としてふさわしいのは、落ち着いて食事と会話ができるお店です。騒々しかったり、他のお客と

距離が近くて会話が筒抜けだったりするお店は、接待には向きません。内密な話をするような接待の場合は、個室のある店を選ぶのがベストでしょう。数人しか入れない狭い店ならば、貸し切りにするという方法もあります。

またオープンキッチンになっていてスタッフが叱られている声が聞こえてくるようなお店や、頑固な店主が客にルールを押しつけてくるお店も接待向きとはいえません。

接待相手が不快な気持ちになってしまったら最悪です。いくら料理の評判が高いとしても、接待で利用するのはやめましょう。

★★★ 雑談から仕事の話を聞き出すテクニック

接待の席で仕事の話をすることがお互いにわかっていても、いきなり商談から始めてはいけません。

関係構築ができていないうちに本題に入ると、どんなにいい内容であっても、相手の反応はよくありません。ベタではありますが、食事が始まったら、まずは天気や季節など、あたりさわりのない話題から話し始めましょう。

「今年は雨が多いですね」「今日は暑かったですね」「今年の冬は暖冬になるらしいですよ」

こうした話題なら、相手が異を唱えることがありません。相手が何度も「イエス」「イエス」と言っているうちに、関係性がよくなっていくのです。

天気の話ばかりでなく、業界内のニュースを仕込んでおくのもいいでしょう。さらに一歩進んだ段階では、相手の趣味に言及してみてください。関係を深めるきっかけになります。

★★★ 商談に移るタイミングは？

雑談などで場が和んだら、いよいよ商談に移りましょう。そのタイミングは会食の内容や時間によって変わってきます。

ランチの場合、時間が短いので早めに「ところで」と切り出したほうがいいのですが、ディナーの場合は特別急ぐ必要はないので、**前菜を食べ終わったあたりで、ゆっくり本題へと移行**していきましょう。

なかなか本題を切り出すタイミングがつかめないようなら、「すっかり盛り上がってしまいましたが、本日は……」といった具合に切り出します。

そして本題に入ったら、無駄なく話すことが肝心です。長々と話していると相手の集中力が切れてしまうので注意しましょう。

上司や先輩との会食マナー

同じ料理か、少し安いものを頼む

★★★
「好きなものを頼んでいいよ」と言われたけれど……

職場の上司や先輩との食事は何かと緊張するものです。取引先を接待するよりドキドキする、という人もいるでしょう。マナーで失敗し、上司の心証を害してしまったということがないように、最低限のマナーは押さえておいてください。

お店に入りスタッフからメニューを渡されると、上司は「好きなものを頼んでいいよ」というでしょう。部下としては悩みます。あまりに高い料理を頼めば上司を困らせてしまうかもしれませんし、安すぎる料理だと失礼に当たるからです。

そんなときは**上司と同じ料理にするのが正解**です。金額に配慮できるだけでなく、同時に料理が出てくるので食べ始めるタイミングを合わせることもできるからです。

もちろん、上司が頼んだ料理があなたの苦手なものであれば、無理に同じものを注文する必要はありません。その場合、**同じ額のものか、少し安いものを頼む**といいでしょう。

★★★ 料理を積極的に褒めよう

上司や先輩にごちそうしてもらうときは、料理を積極的に褒めましょう。褒め方のコツは単純で素直な言葉を選ぶことです。

「料理の味が一級ですね」とか「接客も行き届いていますね」など、まるでグルメ評論家のようなコメントは、上から目線のような印象を与えてしまいます。「おいしいですね」「こんな味は初めてです」といった**飾り気のない言葉で褒める**のです。

素直に喜ぶ姿をみると、上司も「ごちそうしてあげてよかった」と満足します。

★★★ お酌のタイミングに気配りを

上司がお酒を飲むなら、お酌のタイミングに気をつけましょう。うっかりしていると、グラスが空になっていて、上司が手酌している……なんてことにもなりかねません。

ほどよいお酌のタイミングはいつかというと、**グラスの中身が3分の1ぐ**

らいになったときです。「お注ぎしますか？」とお酌を申し出るか、それ以外のお酒を飲みたそうなら**「何を召し上がりますか？」と一言添えつつ、メニューを開いて渡します**。

大勢で食事をしていると、ついついグラスの確認を忘れたり、お酌を申し出るタイミングに遅れてしまったりします。

これを避けるには、相手がグラスを取り上げて飲み物を口にする瞬間に確認することです。

何度か見ていると、相手の方の飲むペースもわかってきて、お酌のタイミングをつかめます。

★★★

「無礼講」を真に受けないで！

「よーし、今夜は無礼講だ。仕事のことは忘れてどんどん飲んでくれ！」

忘年会や新年会、歓送迎会などの席で上司がそう言ったとしても、真に受けてはいけません。

無礼講とは、身分や地位の上下を抜きにして楽しむ酒宴のこと。仕事関係の宴会なら「上司も部下もない、遠慮なく打ち解けて飲もう」という意味になるのです。

でも、上司はあくまで場を和ませるために気をつかって言っていることも多いものです。

無礼講だからと、上司に敬語を使わなかったり、無礼な言葉を吐いたりするのはご法度。上司を怒らせてしまい、関係が壊れてしまいます。

無礼講は、本当に無礼になっていいわけではないことを、頭に置いておきましょう。

★★★

誘いを断っても大丈夫？

上司や先輩から誘われたものの、「断りたい」と思うこともあるでしょう。しつこい上司だったりすると、誘われるたびに辟易するかもしれません。

そんな場合は断ってもかまいません。しつこい上司なら2回に1回、それほどしつこくない上司なら3回に1回くらい付き合えば十分です。

断るときは、「無理です」「行けません」といったそっけない言葉ではなく、まずは「お誘い、ありがとうございます」と感謝の気持ちを示したうえで、「今夜は約束がありまして……。また別の機会にお声をかけてください」といった具合に、**先約があることを伝えます**。

先約があると聞けば、それ以上誘いにくいものです。**相手への配慮を示しつつ、断る**のがポイントです。

部下との食事、気をつけるポイントは？

無理に誘わず、気のきいた理由をつける

複数の部下が一緒だと、「上司対自分たち」という構図ができがちです。自然と部下たちだけで盛り上がってしまい、大事な話ができなくなる可能性があります。

また、その部下と仲のよさそうな同僚を誘ったとしても、当人としてみれば同僚の前では本音を話しづらいものです。

上司と部下、1対1での食事は確かに緊張をしいるかもしれません。でも、**大事な話をするときは、2人きりのほ**

★★★
大事な話があるなら1対1で食事をしよう

最近、元気のない部下がいる。仕事で悩んでいるのか、それともプライベートなことなのか……。

上司としては、部下の様子が気になるものです。そんなときには、部下を食事に誘ってみるといいでしょう。

当人だけだと気をつかうだろうから、同僚も何人か誘おうなどと考えてはいけません。

うがベターでしょう。

★★★
部下を誘うときには必ず理由を伝えよう

部下を食事に誘いたいとき、どのように声をかければいいでしょうか。

「プロジェクトが一段落したから」とか、「今月のノルマを達成したから」「新しい部署の感想を聞きたいから」など、**何か理由をつけ加えると誘いやすくなります。**

あるいは**「おいしい店を見つけたから」**でも、**「最近、忙しくてみんなとあまり話ができていないから、たまにはどうだ?」**といった、ざっくりした理由でもかまいません。

何も理由を伝えず、「今夜、ちょっと飲みに行こう」「食事に行こう」という誘い方はおすすめできません。部下は「何かあるのかな……」「何かやらかしたっけ!?」と警戒を強めてしまうからです。

前もって理由をつけ加えることで、部下も安心して誘いを受けられるでしょうし、別の用事があれば断ることもできます。

部下の都合も考えず、強引とも思われるような誘い方をしないよう、気をつけましょう。

「ケチな上司」と思われないためのラインとは？

部下にごちそうする場合、当然自腹になるので予算を考えなければいけません。

あまりに高いお店は避けたいところですが、だからといって安すぎるお店に連れて行くのも考えものです。

せっかく奢ってあげたのに、「こんな安い店に連れてくるなんて、ケチな上司だな」「どうせ自分はこの程度の価値しかないんだな」などと思われかねません。

部下にごちそうするときは、1人あたり5000円前後で飲んだり食べたりできる店が目安となるでしょうか。これを念頭に置いて、センスがあり、コストパフォーマンスが高いお店を探すといいでしょう。

部下との食事では絶対に飲みすぎない

部下との食事が思いのほか盛り上がり、楽しい時間を過ごせたとしても、飲みすぎは禁物です。

もう1軒、もう1軒と飲み続けて泥酔し、誘った部下に介抱されることになったら、もう最悪。上司失格とみなされても仕方ありません。

部下との食事は、自分も部下もその場で交わした会話を忘れない程度に楽しむことが鉄則です。忘れてしまったり、忘れられてしまったりしたら、ただ奢っただけで終わってしまい、元も子もありません。

もう少し飲みたいな……と思うくらいのタイミングが切り上げどきと考えましょう。

★★★

見返りを求める発言はしない

部下にごちそうした後、お礼を言われたら、あなたならどう返しますか？

「そのぶん仕事を頑張ってくれよ」とか「お前も新人の面倒をみてやってくれ」などと言っていませんか？

本人としてみれば照れ隠しのつもりでも、**見返りを要求するような言葉はいけません**。上司としての株を落としてしまいます。

ごちそうするときは、ギブ&テイクを求めないことが大切です。**「いや、自分も楽しかったよ、ありがとう」「君と色々な話ができてよかった」**といった具合に、ちょっと下手に出つつ、お礼の言葉を返しましょう。

ごちそうした相手が喜んでくれれば、それでいいという気持ちを忘れずに。

カジュアルなランチのマナー

誘う側も誘われる側も無理しないのがポイント

★★★

クジ引きでの席決めもアリ!?

親しい友人や気心の知れた同僚とのカジュアルなランチでの席決めは、上座・下座をあまり神経質に考えなくていいでしょう。

幹事が末席に座るのが基本ですが、それ以外の人は早く来た順に奥から詰めるか、空いている席に座るようにすればいいでしょう。

参加者が多く、それほど親しい間柄でもないという場合は、クジ引きでもいいかもしれません。準備が多少面倒ですが、イベント感を演出できて盛り上がります。

友人同士でも3人以上で集まるときは気を遣うもの。

食後の長話はお店の迷惑を考えて！

カジュアルランチにありがちなのが、食べ終わってからの長話です。会話に花が咲き、全員が食べ終わっているのにダラダラと話し込んでしまうのです。

少しならいいでしょうが、あまりに長居するのは考えものです。席待ちの人がいたりすれば、なおさら迷惑です。どんなに楽しくても、食後15分くらいをめどに切り上げましょう。

話し足りないようなら、お店をかえてお茶でもすればいいでしょう。

親しい友人に対する上手な断り方

親しい相手や身近な友人からランチに誘われると、あまり気が進まない場合でも、「ごめん、行きたくない」とはなかなか言えません。

その後の関係も考え、やんわりと、相手が気を悪くしないように断るにはどうすればいいでしょうか。

そんなときには「実はダイエット中で……」とか「金欠なの……」などと角が立たない理由を伝えるようにしましょう。言葉は悪いですが、ウソも方便です。

料理は少しずつ皿にとり、ひとつひとつ味わおう

盛りつけは美しく！

バイキングは、好きな料理を好きなだけ食べられるのが魅力です。

どの料理をどれだけ皿にとってもいいのですが、何種類もの料理を山盛りにすると、それぞれの料理の味が混ざってしまいます。見た目にも悪く、品がありません。

適量を、形よく、見た目よく盛りつけましょう。一皿に盛る料理は2〜3種類までです。自分でつくった料理を盛りつけるようなイメージをもつといいかもしれません。

ビュッフェ台の料理は左側からとる

ビュッフェ台の料理をとるときは、洋食のテーブルマナーと同じく、皿の**左側からとっていくのが基本**です。

真ん中あたりがおいしそうだからと、いきなり真ん中からとるのはマナー違反です。ただ、左側からとるの

が難しい料理は、この限りではありません。臨機応変に対応しましょう。

トングは、それぞれの料理に専用のものが用意されているので、必ずそれを使いましょう。使った後は、きちんと元の位置に戻します。

皿にとったものは残さず食べよう

おいしそうな料理がビュッフェ台にズラリと並んでいるのをみると、あれも食べたい、これも食べたいとなってしまいます。ただし食べ放題とはいえ、とり放題、残し放題ではありません。食べられる量だけ皿にとり、**とったものは残さずに食べる**のがマナーです。

とり放題、残し放題ではつくってくれた人に失礼ですし、何よりもったいないではありませんか。ガツガツせず、少しずつ料理を楽しみましょう。

料理ごとに皿をとり替える

バイキングでは、料理ごとに皿をとり替えるようにします。

何枚も皿を使うのはお店に申し訳ないと思うかもしれませんが、皿をとり替えたほうが、お店としてもありがたいのです。

たとえば、もし皿を替えずに前の料

理のソースが残っていたとしたら、せっかくの料理の味が損なわれてしまいます。皿に残ったソースがトングについてしまう心配もあります。

皿のとり替えは何度でもＯＫ。料理ごとにどんどんとり替えましょう。

人の流れに逆らわない

ビュッフェ台の料理は、基本的にコースの順番に並んでいます。洋食なら、オードブルからメイン、デザートへといった具合です。

自分の順番になったら、**料理はできるだけその順番でとるようにします。**

流れに逆らってしまうと、他の人とぶつかって料理をこぼすなどの危険があるので気をつけましょう。

食べすぎには要注意！

食べ放題のバイキングでは「元をとらなきゃ」とばかりに、とにかくたくさん食べる人がいますが、これは考えものです。

せっかくおいしいものを食べたのに、苦しくなってしまっては仕方ありません。楽しいバイキングが苦しい思い出にならないように、食べすぎに注意しましょう。

★★★

「お皿を下げてください」の合図って？

バイキングを楽しんでいると、ビュッフェ台の料理を次々と食べるうちに、新しい料理のために皿をとり替えたくなります。

そのときは、わざわざウエイターを呼ばなくても大丈夫。

使用済みの紙ナプキンを皿に置いておくと、「下げてください、とり替えてください」の合図になります。

遠慮せずお願いし、新しい料理を新しい皿にとりましょう。

★★★

制限時間をチェックしておこう

バイキングを行なっているお店では、たいてい60分、90分、１２０分などと制限時間を設定しています。

その時間内ならいくら食べても大丈夫ですが、終了時間が近づくと片付けられてしまったり、オーダーストップがかかったりします。

おしゃべりに夢中になっているうちに、ろくに食べないで終わってしまったということがないよう、事前に制限時間を確認しておきましょう。

バーでの時間とお酒を楽しむマナー

バーは少人数で、お酒と静かな会話を楽しむ場

お店の環境、雰囲気をこわさないように気をつけましょう。

★★★ 案内された場所へ座ろう

バーに入ったら、席が空いていても、勝手に座ってはいけません。バーテンダーかスタッフが、先客や常連客が座る席などを踏まえたうえで案内してくれます。待ち合わせの場合は、席に案内される前に伝えるといいでしょう。

大きな荷物をもっているときは預

★★★ バーで飲むときの最適な人数は？

食事が終わっても話し足りないときや、静かに飲みたいときにはバーが最適です。ただし、**バーに行くなら3人、多くても4人まで**にしましょう。

バーは基本的にカウンターで飲むお店です。5人以上で訪れるとカウンターを独占することになりますし、会話する際に自然と声が大きくなり周りに迷惑をかけてしまいます。

かってもらうか、自分の足元に置きます。小さなバッグなどは、膝の上もしくは背もたれがあれば椅子と背中の間に置きます。**隣の席に置くのは、たとえ空いていてもマナー違反**です。

★★★
スツールに美しく座るコツ

バーカウンターでは、スツールと呼ばれる肘かけや背もたれのない椅子に座りますが、美しく座るにはコツがいります。

まずスツールと呼ばれる背もたれのない椅子を手前に引きます。

次にスツールの横に立ち、カウン

スツールの座り方

お尻を半分くらいもち上げ、滑り込むように座る。

スツールの横に立ち、片手をカウンターに添えながら足を止まり木にかける。

スツールを手前に引く。

ターに片手を添えながら足を止まり木にかけてください。

そしてお尻を半分くらいもち上げ、滑り込むように座ります。

座ったら、おへそのあたりに力を入れ、背筋を延ばした姿勢を保つと美しく見えます。足をブラブラさせるのはみっともないのでやめましょう。

ソファでは足を組むと不作法とされますが、背の高いスツールなら足を組んでもかまいません。

★★★

カウンターに置いてあるものには触れない

カウンターには、ボトルやグラスなどが置かれています。眺めていると、ヴィンテージの珍しいボトルなどが目に入ることもあるでしょう。

ただし、それらに興味を惹かれたとしても、触ってはいけません。カウンターの上のものはバーテンダーの道具ですから、**勝手に触ると失礼にあたります**。

また、古いボトルはラベルがはがれやすくなっていたり、割れやすくなっていたりすることがあります。その点からも、むやみに触るのはやめたほうがよいでしょう。

どうしてもボトルを詳しくみたいなら、バーテンダーに許可を得てからにしましょう。

★★★ つまみは頼まなくても大丈夫

バーは、ちょっと立ち寄って一杯やるためのお店という性質もあります。そのため、たとえば、一人でふらりと訪れてカクテル1杯しか注文せずバーテンダーと少し話しただけで店を出たとしても、まったく気にしなくて大丈夫です。

また、バーの主役はお酒です。料理に工夫を凝らしているお店もありますが、基本的には無理につまみを頼む必要はありません。

★★★ バーテンダーを独占しない

なじみのバーテンダーがいると、ついつい話しかけてしまうものです。愛想よく対応してくれるでしょうが、バーテンダーはカウンターの客全員に目配りをしなくてはいけません。一人で独占しないようにしましょう。

もう1つ、**バーで見知らぬ人に話しかけるときは、バーテンダーを通す**ようにしましょう。映画などで、「あちらのお客様からです」と飲み物を奢るシーンをよく見かけますが、これも基本はNGです。

少し遅れ気味くらいに着くように配慮する

予定よりも早い到着は迷惑になる！

個人のお宅に招かれた場合、予定より早く到着すると、相手の迷惑になってしまいます。おもてなしするほうは予定の時間に合わせて用意しているので、早めの到着は先方を慌てさせてしまいます。

一般的には時間に遅れるのはマナー違反とみなされますが、**お宅に招かれたときには5分遅れるくらいがちょうどいい**のです。もし早めに着いてしまっても、決してチャイムは鳴らさず、約束の時間になるまで待ちましょう。

手土産をもっていく

個人のお宅を訪問する際は、手土産を持参しましょう。

どんな手土産を用意するかは、相手の家族構成や好みを考えて選びます。地元や郷里の名産なども喜ばれることでしょう。

絶対にNGなのが訪問先の近くで購入すること。いかにも間に合わせといった印象を与えてしまいます。事前にきちんと用意して持参するようにしましょう。

手土産を渡すタイミングは?

手土産は、訪問先の玄関口で渡してしまいがちですが、**部屋に通され、挨拶をするタイミングで渡すのが正式なマナー**です。玄関口で渡すのは、すぐに冷蔵庫に入れる必要があるものなどに限られます。

渡す際には袋から出して、相手側が正面になるように向きを調節して両手で差し出します。

このとき**「お口に合えばいいのですが」という一言を添えましょう。**ひと昔前は「つまらないものですが」と謙遜する言葉を使う人もいましたが、いまどきなら「お口に合えばいいのですが」のほうが印象よく聞こえます。

大皿に盛られた料理はとり分けたほうがいいの?

個人のお宅に招かれた場合、招待客の中で自分がいちばん目下の立場だと、大皿料理が出てきたときに迷いが生じます。料理をとり分けるべきか否か悩むこともあるでしょう。

実はこのケースでは、とり分ける必要はありません。自分はあくまで招待客。**基本的にはホスト側の主人に任せるのが正解です。**

勝手にとり分けると、招待してくれたホスト側の面目を潰してしまうことになります。頼まれた場合のみ、手伝うようにしましょう。

★★★
後片付けの手伝いもほどほどに

食事の後の片付けに関しても、料理のとり分けと同じスタンスで大丈夫です。よほど親しい間柄でない限り、基本的に後片付けを手伝う必要はありません。

自宅に招待した側にとって、キッチンは楽屋のようなもの。料理の準備などで散らかっているかもしれませんし、そもそも他人にキッチンに入られていい気持ちはしません。

大人数の片付けをしなければならず大変そうに思えたら、**まず「手伝いましょうか」と声をかけ、先方から頼まれたときにだけ手伝えばいいでしょう。**

手伝うときも、基本的には食器をテーブルの端に寄せる程度で十分。それだけで感謝の気持ちは伝わります。

★★★

おいとまの言葉は必ず訪問者から

おいとまは、必ず招かれた側から申し出ましょう。ホスト側は、「そろそろお開きにしましょう」とは言い出しにくいものです。

では、おいとますべきタイミングはいつなのでしょうか？

ホスト側の予定が事前にわかっていれば、その時間を目安にすればいいでしょう。目安がない場合は、**お茶を入れ替えてくれるときや、話の切れ目、電話が掛かってきたとき**などが狙い目です。

「あら、もうこんな時間。すっかり長居をしてしまいまして」などと切り出し、おいとまの準備をしましょう。ホスト側は「もっとゆっくりなさればいいのに」などと返してくるかもしれませんが、よほど強く引きとめられたとき以外は、「ありがとうございます」と感謝を伝えつつ、穏やかに席を立ちましょう。

いよいよおいとまとなれば、室内で丁寧に挨拶します。そして玄関先では軽い挨拶にとどめ、失礼します。

帰宅後は、お礼の電話やメールを忘れずにするのが大人のマナーです。

【主な参考文献】

『ドキドキする席のお食事のマナー』水無瀬広明監修、『恥をかかない和食のマナーの手帳』小笠原忠統監修（小学館）／『生活ミニ手帖　失敗しない！マナーの本』ｂｅ文庫編集部（集英社）／『社会のマナーとしくみがわかるおとな事典』岩下宣子監修、『接待以前の会食の常識』小倉朋子（講談社）／『至高のレストランのテーブル・マナー』遠藤明（河出書房新社）／『暮らしの絵本　食べ方のマナーとコツ』渡邊忠司著　伊藤美樹絵（学習研究社）／『セレブリティのテーブルマナー』今田美奈子、『西洋食作法』渡辺誠、『これで解決！　大人のテーブルマナー』主婦の友社編集（主婦の友社）／『世界一美しい食べ方のマナー』小倉朋子（高橋書店）／『接待の一流　おもてなしは技術です』田崎真也（光文社）／『品よく見られる大人術』幸運社編集（廣済堂出版）／『会食力　キャリアを上げる接待マナー』山﨑武也（淡交社）／『これが美しい「食べ方」のマナーです』岩下宣子　吉村景美（亜紀書房）／『仕事ごはん部下ごはん　できる人の会食術』平原由紀子（ＣＣＣメディアハウス）／『ＮＨＫまる得マガジン　美しく！おいしく！和食のマナー』千和加子講師（ＮＨＫ出版）／『テーブルマナーの本　日本料理』（社）日本観光協会編著（柴田書店）／『上品なのにかわいいプリンセス・マナーブック』井垣利英（大和書房）／『もう気にしない、困らない！　美しいテーブルマナー』松本繁美監修、『岸朝子の「食」の作法も美味のうち』岸朝子（日本文芸社）／『食事・食卓の覚え書』草柳大蔵（グラフ社）／『イラスト解説 和食・洋食・中国料理のよくわかるテーブルマナーＢＯＯＫ』市川安夫（旭屋出版）／『オトナ女子のための美しい食べ方マナー』諏内えみ（三笠書房）／『少しのコツで印象が変わる美しい食べ方』小倉朋子　岩下宣子（エイ出版社）／『見てわかる！　スマートな食べ方』西出ひろ子監修（ＰＨＰ研究所）／『ホテルオークラ〈橋本流〉大人のマナー』橋本保雄（大和出版）／『知ってて知らないマナー常識』城田美わ子（青春出版社）／『知っておきたい「食べ方」のマナー』きれいな「食べ方」研究会（宝島社）／『イラストでよくわかるきれいな食べ方』ミニマル＋BLOCKBUSTER（彩図社）／『図解　知ってるようで知らない食べ方の常識』にっぽん食べ方研究会（有楽出版社）／『ちゃんとした大人のマナーがわかる本』（マガジンハウス）／『高級店で尻込みしない最低限の「大人のマナー」』Ｒ25編集部著・編　大谷晃監修（リクルート）／『美しい食べ方とマナー　本当の正解265』渡邊忠司監修（ぴあ）

ベスト・ライフ・ネットワーク

「より楽しくもっと快適な暮らし」を合言葉に、家事から文化、美容、健康まで多角的にアプローチするエキスパート。快適な暮らしと人間関係に役立つ情報を収集し、発信し続けている。この本では社会人として知っておきたいさまざまな「食」に関するマナーやおいしい食べ方を紹介している。

本作品は当文庫のための書き下ろしです。

だいわ文庫

これ1冊《さつ》で!

恥《はじ》をかかない・一目置《いちもくお》かれる「いまどきテーブルマナー」辞《じ》典《てん》

著者　ベスト・ライフ・ネットワーク

©2019 Best Life Network Printed in Japan

二〇一九年四月一五日第一刷発行

発行者　佐藤 靖

発行所　大和《だいわ》書房

東京都文京区関口一-三三-四 〒一一二-〇〇一四

電話 〇三-三二〇三-四五一一

フォーマットデザイン　鈴木成一デザイン室

本文デザイン　福田和雄(FUKUDA DESIGN)

本文イラスト　山寺わかな

本文DTP　伊藤知広(美創)

本文印刷　光邦　カバー印刷　山一印刷

製本　小泉製本

ISBN978-4-479-30757-0

乱丁本・落丁本はお取り替えいたします。

http://www.daiwashobo.co.jp

だいわ文庫の好評既刊

*ベスト・ライフ・ネットワーク
1分でスッキリ!
たまった「疲れ」がとれる本
頭のてっぺんから足の先までぜ~んぶおまかせ! 自分でできる! 今すぐできる! カラダもココロも軽くする凄ワザを満載。
571円
145-1 A

*ベスト・ライフ・ネットワーク
これ1冊で! 感じよく
話せる「大人の言い方」辞典
言葉の選び方ひとつで印象は大きく変わる! 心に届くお詫び、感謝が伝わる話し方、やんわり断る大人言葉……今日から使える本!
650円
145-3 E

*ベスト・ライフ・ネットワーク
これ1冊で! もっと愛される
「大人のマナー・常識」辞典
知っているだけで差がつく、愛される! 冠婚葬祭からビジネスまで、押さえておきたい常識と好感度アップのポイントを紹介!
680円
145-4 E

*ベスト・ライフ・ネットワーク
これ1冊で! 人間関係に
効く「大人の語彙力」手帖
もう言葉づかいで悩まない! 知的さ、思慮深さ、前向きさが伝わる大人の言い方、相手を立てる謙虚な言い回しが、シーン別でわかる本!
680円
145-5 E

*ベスト・ライフ・ネットワーク
これ1冊で! 短いのに伝わる
「お仕事メール」便利帖
お願い、相談、NOを伝える…書きづらいメールがスラスラ書ける! ビジネスでありがちなシーン別に文例が見つかる便利な一冊。
680円
145-6 E

*杉原厚吉
わかっていても騙される
錯覚クイズ
動いて見える、大きく見える、違う形に見える…え?どうして? 騙される快感をたっぷり味わえる! 不思議さがクセになる101題。
680円
369-1 F

*印は書き下ろし

表示価格はすべて本体価格(税別)です。本体価格は変更することがあります。